Lettres à Prunelle

Alain Ayache

Lettres à Prunelle

EDITIONS 1

C'est l'observation patiente
de la nature humaine,
de ses vices et de ses vertus
qui m'a incité à t'écrire ces lettres
dans l'espoir de t'éviter les pièges
que tend la vie à qui veut aller
trop vite en besogne.
Tu pourras t'en inspirer et corriger,
par tes propres expériences,
certaines recommandations qui,
au moment où je t'écris,
me paraissent de bon sens,
mais dont il n'est pas exclu
qu'avec le temps,
elles ne prennent quelques rides...
bien que tous les hommes,
à travers les siècles,
aient été confrontés
à de semblables vicissitudes !

Préface
par Paulo Coelho

Je n'aime pas beaucoup les métaphores. Je pense que les choses doivent être dites d'une façon directe et simple, qui permette aux autres de les mettre en relation avec des images, des sons, des sensations.

Cependant, comme toute règle a son exception, je pense que la métaphore qui compare la vie à un voyage est extrêmement correcte. À un moment donné, nous naissons dans une caravane appelée Humanité. Nous regardons autour de nous et, là, se trouvent les gens qui sont déjà en route depuis un certain temps ; ils sont passés par des vallées, des montagnes, des déserts, et ils ont connu des choses que nos yeux ne verront jamais, parce que le monde ne revient pas sur son axe. Alors, la seule manière qu'ils ont de nous transmettre leurs expériences, c'est de nous raconter les histoires de ce qu'ils ont vécu.

Nous grandissons dans cette caravane, qui est partie d'un point oublié du passé, et se dirige vers un lieu que nous ne parviendrons jamais à connaître. À notre tour nous traversons d'autres montagnes, vallées et déserts, et nous apprenons, au cours du voyage ; de même que nous avons entendu les histoires de nos parents, nous racontons ce que nous avons vu à nos enfants, qui raconteront à leurs enfants, et ainsi de suite.

Nos histoires sont notre héritage. En elles se trouve ce que nous avons appris, ce dont nous avons souffert, les erreurs que nous avons commises. Cependant, comme Alain Ayache le dit très bien dans l'ouverture de son livre, « tous les hommes, à travers les siècles, ont été confrontés à semblables vicissitudes ». Cela fait partie de la vie : avoir nos propres expériences fondamentales, et arriver à des conclusions que, bien qu'elles soient déjà connues, nous devons vivre dans notre propre chair.

Prunelle, assurément, lira ces lettres un jour, comme je les ai lues, ici, à Rio de Janeiro, par un après-midi de soleil et de mer agitée. Assurément, elle sera émue, mais, à certains moments de sa vie, nous l'entendrons commenter : « Papa ne comprend rien, son époque était différente. » C'est ce que j'ai dit à mon père. C'est ce que, peut-être bien, Ayache a dit au sien. Et c'est justement cette généreuse rébellion de la jeunesse qui nous permet de marcher devant, de faire avancer la caravane et de découvrir de nouvelles histoires.

Cependant, bien que l'on ne puisse jamais parler de vérités absolues, il y a certaines choses dans ce beau texte d'un père à sa fille qui demeurent à travers les générations. Le pouvoir de la volonté, par exemple, qui nous pousse à prendre des décisions et nous donne la dignité – même

si, souvent, ces décisions peuvent nous mener à des risques inutiles.
En lisant le passage dans lequel Ayache parle de « rêves d'enfants », je me suis souvenu d'une histoire qui m'est arrivée, en 1994, un matin où je marchais avec un ami argentin dans le désert du Mojave. Soudain, nous avons vu quelque chose qui brillait à l'horizon ; bien que notre destination fût de nous rendre jusqu'à un canyon, nous avons changé de chemin pour voir ce qui émettait un tel éclat.
Pendant presque une heure, sous un soleil de plus en plus fort, nous nous sommes dirigés vers ce point – et c'est seulement lorsque nous sommes arrivés que nous avons pu découvrir que c'était une bouteille de bière, vide. Elle devait être là depuis des années ; le sable était cristallisé à l'intérieur. Comme le désert était déjà très chaud, à cette heure-là, nous avons décidé de ne plus aller jusqu'au canyon.
Au retour, ma première pensée a été la suivante : combien de fois abandonnons-nous notre chemin, attirés par l'éclat trompeur du chemin d'à côté ?
Mais, bien vite, je me suis rendu compte que si je n'étais pas allé jusque-là, jamais je n'aurais su qu'il s'agissait d'un éclat trompeur. Dans le doute, comme le dit Ayache, il vaut mieux « planter les banderilles au-delà de l'horizon ».
Ayache touche un point sensible lorsqu'il dit que le sens de la vie « c'est refuser la facilité », ce qui signifie que, souvent, il faut rompre avec l'ordre établi, créer un peu de confusion, de sorte que

l'univers autour de nous puisse s'organiser de nouveau, dans un système différent de celui qui nous a été imposé. Pour cela, il est nécessaire de comprendre que tout doit être vécu avec enthousiasme, sans tristesse ou déception. Les défaites font partie du Bon Combat, et le vainqueur est celui qui tombe sept fois, et parvient à se relever huit fois.

Prunelle lira souvent ces lettres, de différentes manières. Un jour, viendra le moment où elle devra raconter ce qu'elle a vu, au cours de son voyage dans la caravane : les mots de son père seront encore vivants dans son cœur mais, à ce moment-là, Prunelle aura vu des montagnes, des lacs et des villes qui étaient encore inconnus quand le texte de ce livre a été écrit. Son monde sera autre et, si quelque chose n'a pas été mentionné dans les lettres de son père, c'est que nous n'avions pas encore traversé certains paysages. Mais l'amour de ce texte se trouve au-delà des mots et des concepts qu'il exprime – et l'amour demeure, même quand le monde se transforme complètement. Finalement, Prunelle, que pouvons-nous savoir d'océans que nous n'avons pas encore parcourus ?

Quand tu raconteras tes histoires, Prunelle, fais-le avec autant d'amour et de tendresse que ton père en a mis à l'écriture de ce livre. Et souviens-toi que, même si Salomon a déjà dit, voilà trois mille ans, qu'il n'y a rien de nouveau sous le soleil, il nous faut encore nous habituer au fait que la génération qui nous précède ne parvient jamais à enseigner tout ce qu'elle a appris.

Heureusement. Ainsi, tu auras l'opportunité de vivre la surprise, l'inconnu, l'extraordinaire. Ton parcours sera touché pour toujours par ces lettres, mais tes pas seront de ta responsabilité, comme d'ailleurs ton père le précise dans le texte.

En pensant justement à cela, je veux clore cette préface par une histoire drôle.

Une mère juive traditionnelle s'efforça d'éduquer son fils de la manière la plus conservatrice possible. Elle le plaça dans les meilleurs collèges, choisit ses amis, lui enseigna ce qu'il y avait d'important dans la vie, sélectionna les meilleurs textes pour qu'il les lût. Mais le garçon avait une forte personnalité et il ne faisait que ce que lui indiquait son cœur.

Lorsqu'elle mourut, la mère courageuse alla tout droit au Ciel – puisqu'elle avait été un exemple de dévouement sur la Terre. Mais elle passait ses journées déprimée, pensant qu'elle n'avait pas réussi à transmettre à son fils tout ce qu'elle jugeait important dans la vie.

Petit à petit, elle découvrit cependant que le Paradis était rempli de mères dans la même situation ; toutes regardaient leurs enfants avec beaucoup d'inquiétude, passaient leur temps à réclamer l'aide du Tout-Puissant, et se culpabilisaient de n'avoir pas été assez fortes pour contrôler leur famille.

Un beau jour, tandis qu'elle parlait, ou plutôt se plaignait auprès des autres du comportement déplorable de son fils, elle vit passer Notre-Dame. « En voilà une qui a su éduquer son fils ! s'écria-

t-elle. Allons lui demander comment elle y est parvenue ! »
Immédiatement, toutes se dirigèrent vers Marie, et louèrent la carrière de Jésus.
« Ce fut un sage, dirent-elles. Il a accompli tout ce qui lui avait été destiné, il a marché sur le chemin de la vérité, il ne s'en est pas écarté une minute et, aujourd'hui encore, il est un motif d'orgueil pour sa famille.
– Vous avez parfaitement raison, répondit Marie avec douceur. Mais, si vous voulez vraiment connaître la vérité, je savais qu'il avait un grand talent pour soigner les autres, et mon rêve était de le voir étudier la médecine... »

Paulo Coelho
Juin 1998.

Avertissement

C'est à la jeune fille que tu seras un jour que je m'adresse. L'éducation que ta mère et moi te donnons est bien incomplète. Elle est faite simplement d'amour et de tendresse. Et nous nous abstenons de toute directive impérative pour laisser ton cœur d'enfant le plus longtemps dans sa pureté angélique. Plus tard, il t'appartiendra, si tu le souhaites, de t'inspirer des quelques observations et conseils que je crois bons pour toi, à l'heure et au jour où je t'écris ces lignes...
...De t'en inspirer ou de les oublier, quitte, un jour, à les relire pour t'assurer de leur utilité... Je n'ai pas l'ambition de vouloir passer à tes yeux pour un « maître à penser » mais, et c'est l'inévitable naïveté d'un père, de prétendre offrir à son enfant le meilleur de son âme...

J'ai commencé, Prunelle, à t'écrire ces lettres dans un train. Tu avais cinq mois à peine et ton sourire gracieux était celui d'un ange.
Soudain, tes yeux, si grands, si confiants, ont fixé les miens. J'ai été frappé par l'insistance que tu y mettais.
Dans ces deux, trois secondes d'éternité, j'ai cru déceler ta question : « Dis-moi, papa ? ».
Alors, voilà .
Je te dis tout. Tout ce que je sais.
Ces lettres, tu les découvriras lorsque tu seras en âge de les lire, pour que tu aies les yeux ouverts sur la vie, sans perdre cette innocence et cette confiance qui m'émeuvent tant.
Il te faudra beaucoup d'indulgence et ne pas trop sourire – c'est recommandé – pour garder en mémoire la spontanéité et la sincérité de ces réflexions.
Ce sont celles d'un père qui veut épargner à son enfant, autant qu'il le peut, certaines désillusions, mais aussi l'aider à affronter la vie avec une plus grande assurance.
Il y a, tu t'en apercevras, beaucoup de certitudes chez tous les parents du monde...
Les miennes sont faites surtout de doutes et d'interrogations et je serais bien déçu si, à la lecture de ces « conseils », tu y voyais quelque assommante directive.
Lis, trie et fais ton miel de ceux qui trouveront un écho en toi...

Tu dois savoir une, deux ou trois choses sur tes parents.

Ils prient, comme tous les parents, pour que tu sois heureuse, douce, aimante, équilibrée et que ton avenir soit un parterre de roses... sans épines !
C'est un vœu pieux, parce que notre existence nous réserve de fréquentes désillusions.
Pourtant, tes parents feront tout ce qui est en leur pouvoir pour te préparer à surmonter ces difficultés.
Sache toutefois qu'il t'appartiendra de négocier toi-même celles qui surgissent sur ta route.
Alors, à qui, à quoi peuvent servir les conseils des parents ?
On les écoute d'une oreille parfois bienveillante, et puis l'inexorable machine à moudre le temps se charge de les rejeter dans la mer de l'oubli.
Reste qu'il en subsiste toujours quelque chose.
Peut-être, seras-tu rassurée de savoir, si tu ne le sais déjà, que tes parents sont loin d'être parfaits.
Ton père prétend à juste titre qu'il est « l'imparfait du subjectif ».
C'est donc avec modération qu'il faudra sans doute t'inspirer de ces lettres qui seront pour toi, au fil des années, l'occasion de sourire maintes fois aux dépens de ton père !

L'amour des parents

Lorsque j'étais tout enfant, je me disais qu'un jour je serai grand et qu'il me faudrait marcher sur les traces de mon père pour effacer les siennes et laisser mes empreintes. Mais jamais, pas un jour depuis tant et tant d'années, je n'ai eu à chasser de ma mémoire sa présence si réconfortante et sa tendresse bourrue qui m'ont donné des ailes. Il y a ainsi des souvenirs si fortement ancrés en nous-même qu'ils nous apportent, au creux des vagues à l'âme, une formidable bouffée d'espoir et la force de se ressaisir.

J'ignore si je suis et serai pour toi aussi bon, j'ignore si tu auras de moi l'image d'un père « copain » – ce que je déteste – ou si, au contraire, tu garderas la mémoire de mon infinie tendresse.

Je sais, cependant, au risque de t'ennuyer, qu'il me faut continuer à te guider pour que tu puisses, sur la route de ton choix, aller de l'avant sans te retourner. J'ai l'immodestie de croire que, grâce à ton indulgence et à ta bienveillante attention, ces lignes n'auront peut-être pas été écrites en vain.

Je sais qu'il est plus difficile de gagner et de conserver l'estime de ses enfants que celle de son prochain.

Je ne peux pour l'instant apaiser tes cris de bébé, qui réveillent en moi les souvenirs de mon enfance, que par des guignolades. Plus tard, j'éviterai de t'assener toutes ces « vérités » et c'est pour cela que j'ai choisi de m'en remettre au temps pour que tu en prennes connaissance quand tu le souhaiteras.

J'espère te dire ce que je pense, ce que je crois, et j'aurai alors accompli ce que chaque père doit pouvoir confier à ses enfants.

Ainsi, entre nous, n'y aura-t-il jamais de conflit.
Ne dis rien.
Un sourire de toi, un mot, à l'occasion, à la volée, seront pour moi la preuve que tu auras parcouru certaines de ces lettres.
Les marins égarés sur une île déserte jettent à la mer, quand ils l'ont à portée de la main, une bouteille messagère de leur ultime espoir. Le mien, plus modeste, est que ces pages te parviennent, un jour ou l'autre, d'une manière ou... d'une autre.

Ma mère

Quand j'étais vraiment tout petit, ma mère me répétait souvent : « Tu seras notre bâton de vieillesse, mon fils » !

Cette mission m'impressionnait et j'ignorais qu'elle allait développer en moi le sens des responsabilités.

Après mon passage éclair au lycée, je fus « remercié » pour cause d'inaptitude aux études (!). Imagine alors la honte qui s'abattit sur moi !

Ma mère réussit à me convaincre que de ce « mal » naîtrait un bien !

« Maintenant, me dit-elle, c'est toi qui sera ton propre maître, tu choisiras tes lectures, tu t'intéresseras à ce qui te passionne et ainsi tu en sauras plus tard, sur ces sujets, plus que tous les autres garçons ».

Ma mère était capable de me donner des ailes.

Lorsque, pour occuper le temps – et j'en avais – je décidais d'apprendre, seul, devant une glace à jouer au ping-pong, ma mère me dit : « Tu deviendras un champion ».

Deux ans plus tard, à douze ans, je fus champion d'Alger !

Elle avait le don de la persuasion. Combien de fois ne m'a-t-elle répété que j'avais de la volonté... Eh bien, cette volonté, je l'ai acquise grâce à elle !

Mes parents étaient âgés, à ma naissance, et je priais pour qu'ils restent en vie le plus longtemps possible. Le temps, disais-je dans mes prières, que je devienne un homme pour être capable de supporter leur disparition sans m'effondrer !

Je fus, si l'on peut dire, exaucé vingt-cinq ans plus tard ! Lorsque ma mère nous quitta, mon chagrin fut celui du petit enfant que j'étais resté et à qui on avait arraché trop tôt sa maman.
Ainsi sont les hommes, dont les peines les plus secrètes, à leur simple évocation, font jaillir les larmes aux yeux.

La vraie réussite

La vraie réussite ne consiste pas à devenir plus riche que son voisin, mais à atteindre le but que l'on s'est fixé, quel qu'il soit.
Chef d'entreprise, moine bouddhiste – pourquoi pas –, soliste dans un orchestre philharmonique ou, plus simplement, se trouver bien dans ce que l'on fait.
Ces réflexions, fruits de ma propre expérience, se sont révélées enrichissantes et meilleures pour moi que toute autre.
Elles ouvrent une voie parmi tant d'autres, pour que le rêve de chaque enfant devienne une réalité.
Cette vision de l'existence, faite d'ardeur, de volonté et d'enthousiasme, j'espère qu'elle sera communicative.
Elle m'a permis d'être ce que je suis, c'est-à-dire heureux de faire et de continuer ce que j'aime, sans avoir aucun regret, ni de fil à la patte.
Mais chacun pourra trouver dans ces réflexions un mode d'emploi pour réussir dans la vie, en l'adaptant à sa propre personnalité... et à ses ambitions.

Laissons-les rêver

En grandissant, chaque enfant voit généralement ses rêves s'évanouir.
Pourtant, quelle que soit sa vocation, et elle peut être terre à terre, il faut l'encourager.
Et si l'on veut lui donner la chance de s'exprimer, il faut d'abord lui faire confiance. En commençant par la lui manifester le plus souvent possible.
La confiance ainsi diffusée sera pour lui un moteur.
De ma mère, qui comme beaucoup de mamans, avait rêvé pour moi d'un grand destin, j'ai appris la volonté...
Sais-tu comment ?
Simplement, parce que, dès l'âge où l'on commence à traîner dans les rues, je l'ai entendue dire et répéter si souvent autour d'elle : « Mon fils a de la volonté ».
Et j'ai fini par la croire et à lui prouver qu'elle avait raison de le dire !

Le destin

Les hommes sont-ils prisonniers de leur destin ou peuvent-ils l'infléchir, à défaut de s'y soustraire ?
Répondre à cette question serait faire injure à ceux, autrement plus rompus que moi à l'exercice philosophique, qui, tout au long des siècles, n'ont pu se départager.
Que constate-t-on ?
Que des hommes sont contraints ou admettent de n'être que les spectateurs de leur propre vie, et que d'autres refusent la fatalité qui est censée leur être imposée.
Que, échec après échec, comme une destinée programmée, ils n'ont pas accepté de se soumettre.
C'est ainsi que les plus opiniâtres, qui ont su défier un destin contraire, ont été récompensés par des succès inespérés et... imprévus !

Conseils (1)

L'amour, plus que l'amour-propre.
La mémoire, plutôt que la rancune.
Le mépris, mais pas la haine.
Accorde ta confiance avec parcimonie.
Sois modeste, mais pas timorée.
Dis la vérité, mais garde pour toi celle qui ne saurait être partagée.
Cède à la tentation sans en devenir l'esclave.
Pratique l'ironie, mais à tes dépens et veille à ne pas blesser, par un mot de trop, quiconque n'est pas apte à répondre.
En suivant quelques-unes de ces recommandations, tu navigueras dans le monde sans perdre ton âme.

Conseils (2)

Il y a bien des conseils que je pourrais te donner pour t'élever dans la société, mais je m'abstiendrai de le faire car ils font appel à la complaisance, à l'hypocrisie, à la flagornerie.

La fréquentation des puissants du jour, le renoncement à tes convictions, la gymnastique des courbettes, la course aux honneurs…

… Je prie Dieu pour que tu n'y succombes jamais.

Poursuivre l'œuvre des parents

Il n'y a pas plus naïf qu'un père.
Le tien n'échappe pas à la règle. J'ai gardé les yeux ouverts sur tout ce qui bougeait, en tentant de déceler l'essentiel. Comme d'autres, j'ai couru, couru à en perdre haleine. J'ai accumulé de belles choses qui, je l'espère, seront appréciées de toi. J'ai laissé derrière moi plus de rêves insensés que d'autres hommes. J'ai continué inlassablement à vouloir créer alors que j'aurais dû m'arrêter pour jouir paisiblement des biens acquis, non sans risque. J'ai pleuré, plus souvent qu'un homme à la peau dure ne le devait. J'ai, chaque jour, poursuivi l'œuvre de ma vie comme si l'éternité m'était acquise. J'ai vu disparaître des êtres chers. Sans me lasser ni me distraire, je me suis attelé à l'ouvrage, avec la foi de l'artisan désespéré de ne pas être un artiste...
J'ai refusé les honneurs qui, comme des fruits mûrs, vous tombent dessus avec l'âge. J'ai multiplié les combats, vécu dans l'angoisse, la désespérance et l'incompréhension, mais j'ai savouré aussi tant de joies que je n'ai pas vu le temps passer et c'est pour cela qu'aujourd'hui, je veux te voir grandir en t'accompagnant pas à pas... le plus loin possible.

Le mensonge

Les grandes personnes sont expertes en la matière et, plus les hommes s'élèvent, plus ils font du mensonge une arme pour gouverner.
Que l'on mente pour dissimuler une mauvaise action ou par omission, afin, croit-on, d'épargner ses proches, le mensonge révèle le peu de crédit accordé à soi-même, et le manque de confiance que l'on fait aux siens.
Une franche explication vaut mieux qu'un mensonge qui, fatalement, reviendra sur toi comme un boomerang. Il n'y a pas d'acte que tes parents ne puissent comprendre et pardonner.
Alors, promets-moi de ne pas faire du mensonge une arme dont tu deviendrais assurément la prisonnière.

Les relations

Se faire des relations est une affaire d'intrigants...
Les relations dont on a besoin, s'appuient le plus souvent sur une mutuelle loyauté, la nécessité de s'épauler et une réciprocité dans les services rendus.
Pour entretenir des relations, il faut, hélas!, se garder de dire toutes les vérités. Ce qui est, conviens-en, le contraire des rapports entre amis. L'art de se faire des relations nécessite une psychologie non dépourvue d'hypocrisie.
Je te vois pincer les lèvres !
Pourtant, ces liens sont nécessaires dans la vie sociale lorsqu'on occupe des fonctions de quelque influence, quand on dirige une entreprise et plus simplement pour vivre en bonne harmonie avec son prochain.
Le moyen le plus sûr de consolider une « relation » est, en premier lieu, de ne jamais oublier d'être présent quand elle est dans le besoin. C'est dans ces moments-là qu'il faut manifester sa générosité, et cela ne s'oublie pas.
Je serais tenté, si ce n'était cynique, de te dire que tous les hommes sont vaniteux, et qu'il est bon de les flatter... sans excès, cela ne va pas de soi. De les laisser croire, par exemple, qu'ils sont à l'origine d'une bonne idée, même si elle vient de toi !

La vérité

Sur la vérité, dont chacun se réclame, il y a, tu le penses bien, beaucoup à dire.
La vérité est multiple et, par ses formes diverses, perd parfois tout son sens.
Il n'y a donc pas, à l'exception de celle tombée du ciel, de vérité universelle.
Le mensonge peut très bien, aux yeux du mythomane, avoir le visage de la vérité.
Le romancier peut prendre des libertés avec la vérité pour la commodité de son récit.
Le général, pour entraîner ses troupes au combat, peut leur mentir au nom de la raison d'État, avec tant de conviction qu'ils iront, la fleur au fusil, se faire trouer la peau sur le champ de bataille.
La maîtresse délaissée sera prompte à croire l'amant repentant qui, pour se faire pardonner, n'aura aucun mal à faire passer pour vérité vraie le plus éhonté des mensonges !
Est vérité ce que l'on veut bien croire.
Je le dis en passant, pour que tu croises à deux fois les informations que tu recevras, afin d'approcher au plus près cette Vérité qui n'est ni une ni indivisible.

L'optimisme

S'il pleut, s'il vente, s'il neige, si des éclairs zèbrent la nuit, si la chaleur paraît insupportable, sache qu'il fait beau... il fait beau en toutes circonstances !
S'il pleut pour nourrir les vergers, s'il vente pour purifier l'air, s'il fait chaud pour que mûrisse la vigne, pourquoi voudrais-tu un ciel uniformément bleu ? Des cieux tourmentés, les artistes ont su faire des chefs-d'œuvre ; de la neige, les enfants font... des bonhommes qui les comblent de joie.
Regarde ainsi la vie et chaque jour te semblera plus clair, plus surprenant que le précédent... et si un ciel trop gris t'attriste, lève les yeux et tu verras qu'au-dessus des nuages, il y a toujours du soleil !

Les yeux dans les cieux

Tu dois savoir que la vie te rendra au centuple ce que tu lui donneras.
N'écoute pas ceux qui la mettent en accusation et dénoncent son ingratitude.
Le seul fait d'être en vie est une grâce et il faut lui rendre justice, en tentant de répandre autour de toi bonheur et joie.
Il y aura des moments où, comme chacun, tu pesteras, tu t'emporteras contre les contretemps, les déceptions, les contrariétés qui jalonnent le parcours de tous les êtres humains.
Sans ces déceptions, ces désillusions, tu goûterais avec moins de plaisir les moments heureux, plus nombreux, que tu connaîtras !

Garder espoir

Ne jamais désespérer quand on touche, ou que l'on croit toucher, le fond.
D'autres lendemains viendront chanter à ta porte.
Ne pas se laisser envahir, miner par les tracasseries inévitables de la vie quotidienne.
Chaque jour qui se lève doit être apprécié comme une grâce, et tu dois en tirer le meilleur profit.
Ceux qui se lèvent en traînant la jambe, ceux qui rechignent à accomplir leur tâche – et c'est vrai qu'elle est souvent rude – ceux qui déplorent que le temps soit mauvais, ceux qui ont toujours quelque chose à reprocher aux uns, aux autres et à eux-mêmes, ne devraient-ils pas se dire qu'ils ont bien de la chance d'être en bonne santé et que, au lieu de gémir, ils pourraient rendre hommage à la vie qui leur a été donnée ?
Tu vois, il y a au moins deux manières d'aborder les problèmes.
Pourquoi sombrer dans le pessimisme ?
Pourquoi ne pas être positif et tirer du moindre détail le miel d'une journée ?
C'est ainsi que l'on entraîne son esprit et son corps à de saines réactions et que nos pas nous portent avec plus de légèreté, où que nous allions.

Le monde bouge

Nous avons de bonnes raisons d'être optimistes: l'incertitude du lendemain qui pimente notre vie, la certitude qu'aux pires tourments il y a toujours une fin et, mieux encore, la certitude qu'après la vie, reste la vie pour ceux qu'on aime.

N'écoute pas les pessimistes, les défaitistes, ni tous ceux qui ont des raisons d'être comme ils sont.

N'entends que les paroles toniques qui soufflent l'espérance et marche, tu seras ainsi l'amie du monde.

Si tu le veux, l'inaccessible deviendra possible car il y a toujours d'autres voies à explorer, d'autres limites à franchir.

À quoi servirait toute l'étendue de la planète si tes souliers étaient trop étroits?

Alors marche, respire amplement, emplis-toi des quatre vérités, des idées, des soubresauts de l'extérieur.

Marche et écoute le monde.

Il bouge, bouge avec lui.

Le feu intérieur

L'énergie que dégage une personne éclate à nos yeux. Sans cette flamme, sans cette force intérieure qui transcende et donne des ailes, rien de grand ne peut être accompli.
L'énergie, quand nous avons la chance de la posséder, est un puissant moteur dont les combustibles sont la volonté et la détermination, allumés par une étincelle. C'est elle qui, au moment décisif où tu t'engageras, fera basculer le sort de ton côté.
Ne la laisse pas en sommeil.
Ce feu intérieur, si tu l'entretiens, ne s'éteindra jamais.

Ta maman a quelques choses *en plus*

Les mères sont admirables, leur dévouement à leurs enfants est sans limite.
Mais ta mère a quelques choses en plus.
Droite, intransigeante, sensible, émouvante.
Une Mère Courage, comme bien des mères le sont.
Mais ta mère, a quelques choses en plus.
Jamais elle ne se plaint quand je lui fais la vie difficile, car l'homme est égoïste, mais les femmes le savent et les mères l'acceptent.
Elle a joué pour toi sa vie, Prunelle, et donné un sens à la mienne. Je chante ses louanges, comme tout homme devrait chanter à genoux l'épouse, la mère qui lui donne une si jolie frimousse, dotée d'une si belle âme.
Comme toutes mères.
Mais ta mère a quelques choses en plus.

Le caractère

La souffrance, les échecs et les épreuves sont le feu dans lequel trempe le fer qu'est notre volonté. Et c'est au contact du feu que le fer se transforme en acier. Cette force acquise ne t'abandonnera jamais et tu surmonteras de la sorte bien des difficultés auxquelles d'autres que toi, faute d'un caractère bien ferme, auraient succombé.

La volonté

Sans volonté, un homme est privé de colonne vertébrale. La volonté, mon enfant, peut s'acquérir à force de... volonté. Si l'enthousiasme est un don que tu as reçu dans ton berceau – car il ne s'acquiert pas –, la volonté, grâce à laquelle tu pourras compenser tes faiblesses, est une corde que la nature a donnée aux êtres pour compenser souvent une absence de dons.

Suis-moi bien.

Si, délaissant la facilité, mère de tous les écueils, tu t'astreins à escalader la pente que d'autres descendront, alors tu seras pourvue de cette richesse inépuisable qu'est la Volonté. C'est un atout si facile à acquérir qu'on s'étonne que chacun ne la possède pas.

Encore faut-il « le vouloir ».

Plutôt que de prendre le ciel à témoin de ses déboires, l'homme volontaire ne s'en prendra qu'à lui-même.

S'il court moins vite, il pourra, grâce à la volonté, courir un peu plus vite. S'il a mal, il pourra, plus que d'autres, surmonter sa souffrance et la dompter. Apprends à apprivoiser ta volonté en commençant par de toutes petites choses.

Veille à ne pas la laisser trop longtemps au repos, en la mettant le plus souvent à contribution pour qu'elle réponde à ton moindre appel. Imaginons que tu te ronges les ongles. Cela m'est arrivé lorsque j'étais tout enfant. Combien de fois n'ai-je entendu que ***c'était laid,*** un ***signe de nervosité*** ou la preuve d'une ***grande angoisse ?*** Alors, en me privant un jour, puis deux jours, et trois jours de suite de ce « plaisir malsain », j'ai réussi, définitivement, à ne plus y penser et je n'ai plus entendu autour de moi ces quolibets et ces reproches qui m'humiliaient.

Ce fut ma première victoire, celle qui me permit de découvrir les bienfaits de cette Volonté dont je voudrais tant qu'elle soit une des cordes de ton arc.

Si tu le veux.

Les difficultés

Ce n'est pas parce que les choses sont difficiles que nous n'osons pas les affronter, c'est seulement parce que nous n'osons pas les affronter qu'elles sont difficiles. Il faut, comme pour les mauvaises herbes, s'en occuper sans attendre pour ne pas se laisser envahir !

Ainsi, tout, par la suite, te semblera plus facile.

Le plus ardu en toutes choses est de prendre une décision. Affronter un problème peut s'avérer moins pénible qu'attendre ou espérer.

Les succès et les échecs

Ni l'échec ni le succès ne sont des compagnons fidèles et c'est pour cela qu'il ne faut ni redouter l'un, ni te satisfaire de l'autre. Quand tu auras surmonté les déconvenues et que la griserie d'une conquête se sera dissipée, alors tu admettras que surmonter un échec est, tout compte fait, davantage gratifiant qu'une victoire trop facilement acquise.

Les efforts

Lorsque tu auras une mission, un travail à accomplir, tâche de ne pas disperser tes efforts.
Agir, ce n'est pas s'agiter.
Parce que j'ai moi-même commis cette erreur, un temps infini m'a filé entre les doigts.
Comme tentent de le faire les champions, à l'aube d'une compétition, il faut savoir être « compact », c'est-à-dire ramasser toute son énergie pour la concentrer essentiellement sur le but à atteindre.

La victoire est dans la tête

Avant de l'être sur le terrain des exploits, les grandes victoires s'obtiennent dans notre tête ! C'est en se concentrant sur l'objectif à atteindre, en se préparant mentalement que, le jour de l'épreuve, l'essentiel est déjà acquis.

Peut-être penses-tu que j'exagère ?

Si, un jour, tu te rends au pays des samouraïs, je te conseille d'assister à l'entraînement d'un des maîtres du tir à l'arc.

Tu le verras fixer intensément, longuement, sa cible. Puis, se bander les yeux, prendre l'arc, le tendre et, sans ôter le bandeau, diriger à coup sûr la flèche dans le mille !

Cet exploit, il avait été réalisé dans sa tête, ce qui réduit, conviens-en, l'acte de tirer à sa plus simple expression.

Rien ne s'obtient sans effort

Il serait faux de croire que les dons, même s'ils nous permettent des facilités, suffisent à garantir le succès.
Indispensable, l'effort oblige à donner le meilleur de soi et à puiser dans nos extrêmes.
Quand le doute s'installe, il faut faire appel à nos ressources trop longtemps en sommeil, qui répondront à ton appel.
Et c'est avec fierté et une confiance accrue que tu affronteras chaque épreuve avec la conviction qu'elle ne sera pas insurmontable.
Pour te convaincre, dis-toi qu'aucun effort n'est vain et que chaque victoire, si petite soit-elle, aura pour toi une saveur particulière.

La vie et son sens

Donner un sens à sa vie... c'est quoi au juste ?
C'est ne pas se satisfaire d'être le simple spectateur du spectacle, sans cesse en mouvement, de l'Univers. C'est avoir conscience que chacun, en venant au monde, a son rôle à tenir du mieux qu'il peut.
C'est refuser la facilité.
C'est être actif.
Rien n'est immuable et tu peux, si tu le veux, bousculer l'ordre établi, remettre en question ce que tant d'autres avant toi auront fait et qui, avec le recul, te semblerait injuste ou inapproprié.
Donner un sens à ta vie c'est ne pas se contenter d'admirer la beauté des choses, mais tenter de contribuer, autant que cela est possible, à les embellir encore.
C'est aussi faire le bien.
Ta vie aura un sens si, chaque jour qui se lève, dévoile pour toi de nouveaux horizons.
Si, en te réveillant, les yeux encore mi-clos, tu accueilles comme une grâce le premier rayon de soleil qui filtre au travers des rideaux de ta chambre.
Ta vie aura un sens si, chaque projet que tu entreprends est mené à bien, malgré les difficultés qui ne manqueront pas.
Enfin, tu seras fière de toi en accomplissant un devoir sans que celui-ci te paraisse un fardeau.
Aussi, n'écoute pas, n'écoute jamais ceux qui, faute de foi en leur étoile, te diront que la vie est un théâtre d'ombres, dont nous ne sommes que des marionnettes.
Toi, tu prouveras qu'il est possible à chacun de devenir un acteur et de choisir son rôle.
C'est ainsi que la vie a un sens.

Les aléas de la vie

Pourquoi voudrais-tu que la vie soit un parcours uniformément plat, sans surprise et sans reliefs ?
La richesse de l'existence tient aux multiples obstacles à franchir ou à éviter, aux difficultés que l'on surmonte, aux contretemps que l'on subit, à des désirs inassouvis. Nous luttons pour les obtenir, et nos efforts sont souvent récompensés.
Ainsi, notre vie a une saveur particulière et nous jouissons mieux de ses bienfaits quand, par notre seul courage, nous avons réussi à vaincre nos propres peurs.
Les difficultés qui jonchent notre parcours sont nécessaires et inévitables. Car cela n'a rien d'exceptionnel. Je dirais même que cela fait partie du jeu.
Inutile donc de t'en prendre au Destin, ou aux uns et aux autres. Au contraire, sois heureuse que le Ciel te donne l'occasion, cent fois, mille fois répétée, de faire la démonstration de ton opiniâtreté, de ton courage et tout simplement de ta joie de vivre.
Souviens-toi, Prunelle, du bébé que tu étais, à quatre pattes, quand, après avoir heurté une porte, tu te mettais à crier puis, quelques instants plus tard, la légère douleur oubliée, tu continuais à chevaucher, cherchant d'autres difficultés à surmonter.
C'est cela la vie, ne pas s'attarder sur ce qui nous fait souffrir.

Les grains de sable

Ne rien prendre à la légère et ne rien prendre au tragique. Il existe des événements face auxquels nous sommes impuissants et dont il est vain de se lamenter. D'autres, pour graves qu'ils puissent être, ne sont jamais sans solution.
T'affoler serait gaspiller ton énergie. Il convient donc d'examiner lucidement ce que pourraient être les éventuelles conséquences et graduer tes efforts en proportion.
Parfois, certains incidents nous semblent mineurs. Ceux-là, surtout, ne les prends pas à la légère. Ils méritent toute ton attention car, souvent, de petites choses, de petits ennuis peuvent provoquer des cataclysmes s'ils ne sont pas résolus à temps.
Vois-tu, la vie, la tranquillité, ne tiennent parfois qu'à un fil et c'est pour cela que tu dois veiller à accorder à ces petits tracas autant d'attention qu'aux plus graves problèmes !

Les drames

Les drames, petits et grands, font partie de la vie. Nous les subissons comme une injustice et nous sommes surpris qu'ils laissent indifférents les autres. C'est naturel. Il n'est pas nécessaire de prendre le Ciel à témoin de nos difficultés et de nos chagrins.
Mais c'est dans ces moments douloureux que l'on recherche une aide invisible pour lui confier nos peines. Il est bon de se laisser aller, de ne pas refouler ses larmes salutaires et d'être, pendant un temps, tout à son chagrin. Puis, tranquillement, tu verras, tu te sentiras plus forte, animée d'un sentiment de plénitude, consciente de tes devoirs. Tu reprendras le dessus, en trouvant dans l'effort quotidien les moyens de te ressourcer. Après un grand soupir... le souffle de la vie...

Le cœur joyeux

Si tu veux honorer ton nom, prouver à toi-même et à tes parents ta valeur, n'entreprends rien que tu ne puisses faire le cœur joyeux.

C'est ainsi que tu mettras toutes les chances de ton côté, car on ne peut réussir que ce que l'on aime.

S'il arrive que le succès ne couronne pas tes efforts, ne désespère pas...

Dieu, plus d'une fois, est revenu sur les contours de l'univers, et tu pourras donc, forte de ton expérience, recommencer sans redouter l'échec. Ton courage sera déjà la preuve d'un solide caractère, qui forcera l'admiration de tous ceux qui t'aiment.

Le bonheur (1)

Sommes-nous maîtres de notre bonheur? Bien d'éminents penseurs se sont montrés sceptiques sur le sujet. Reste, il est vrai, à définir le bonheur. Admets que le ciel, comme la mer, ne peuvent pas toujours être d'un bleu indigo, que les contrariétés sont plus fréquentes qu'elles ne le devraient, que rien ne va aussi vite qu'on le souhaite, que nos espérances sont souvent déçues... que... que... Il y a, dans le quotidien, une multitude de raisons pour tempérer notre enthousiasme. Soit.
Mais tu as la santé, une famille autour de toi, des amis, des projets, quelques économies, peut-être, le goût de la lecture, et tu oserais te plaindre? Veux-tu que le ciel te tombe sur la tête?
Tu seras l'artisan de ton bonheur si tu admets que les contrariétés sont le sel sans lequel nos petites victoires seraient insipides!
Enfin, ne perds jamais de vue que le soleil est partout pour qui le recherche.

Le bonheur (2)

Si la vie t'a gâtée, que tout te réussit, que ton bonheur est éclatant, prends soin d'avoir l'air plus grave.
Ce qui ne doit pas t'empêcher de sourire intérieurement.
Délaisse les artifices dont tu n'as pas besoin et garde jalousement et précieusement ton bonheur secret afin que nul ne soit tenté de venir le piétiner.

La colère

Il t'arrivera maintes fois d'être obligée de prendre sur toi pour ne pas laisser exploser ta colère. Faire taire les ressentiments violents contre qui t'aura blessée ou trahie. Tu en ressentiras, bien sûr, une énorme frustration. Puis, lorsque la vague submergeante sera retombée, tu mesureras les effets bénéfiques de cette colère maîtrisée, en abandonnant derrière toi ces boulets que sont la « vengeance » et la « rancune », dont chacun sait qu'ils rongent le cœur, au point de fausser le jugement et de le rendre aigri à jamais.

Refuser la vengeance

Éloigne de toi tout désir de vengeance. Laisse à ceux qui t'auront blessée l'illusion de croire qu'ils ont atteint leur but. Mets à profit ces inévitables mesquineries pour te placer hors d'atteinte en te disant simplement que les injures, les blasphèmes et les bassesses viennent toujours d'en bas.

Une fois ta colère maîtrisée, pour ne pas t'abaisser à y répondre, avance sans te retourner et accepte que ta route ne soit pas toujours jalonnée de pétales de roses. Sais-tu combien d'hommes de grand mérite ont été victimes d'injustes attaques sans que, ni leur conviction, ni leur carrière aient été entamées ? C'est le nombre de ces avanies qui les ont rendus insubmersibles !

Le partage

Le goût des belles choses ne doit pas te rendre prisonnière des objets précieux et des œuvres d'art.
Le collectionneur finit souvent par croire qu'en accumulant ces merveilles, il en est le créateur !
Laisse-les admirer par tous et ne reste pas cloîtrée au milieu de ces trésors qui resplendiront d'autant plus si d'autres regards se portent sur eux.

Propriété

Je vais te conter une anecdote dont tu feras, j'en suis presque sûr, ton profit.
Un matin, déplaçant un tableau sur lequel je jetais un regard discret, un jeune collaborateur, me fit cette réflexion : « Au fond, Monsieur, je suis davantage propriétaire de ce tableau que vous !
– Et pourquoi donc, lui dis-je ?
– Parce que je le contemple plus souvent que vous ne le faites. »

L'intrus

Ne laisse pas s'approcher trop près celui qui s'est glissé en rampant dans ton entourage. Comme le serpent, il porte le venin en lui.
N'hésite pas à t'en écarter immédiatement.
Que ferais-tu si une vipère, dans un bois, se glissait vers toi ?
Tu lui fracasserais la tête avec une pierre !

L'estime

Il n'est pas en notre pouvoir d'être aimé par qui l'on veut.
Mais nous possédons celui de conquérir l'estime d'autrui par la rigueur de notre comportement et le respect de nos engagements.
C'est une règle intangible que je te conjure de ne pas transgresser.
C'est ainsi que tu acquerras cette crédibilité sans laquelle toute confiance en nous est ébranlée.
Si tu y parviens, c'est que, déjà, tu es digne de t'estimer toi-même.

Rien n'est irréversible

Il arrive que tout aille de travers, que les mauvaises nouvelles s'amoncellent. Et, dans ces moments-là, l'envie de tout laisser choir nous gagne. C'est humain et inévitable, mais rien n'est définitivement perdu et, plutôt que de s'abandonner au désespoir, il faut fouiller dans les recoins de soi-même pour trouver les atouts qui existent forcément afin de renverser cette désastreuse tendance. N'admets jamais rien comme irréversible. Tu seras surprise, et la confiance en ton étoile sera confortée, quand ce qui te paraissait inévitable trouvera une solution favorable à tes vœux !

Le naturel

Laisse donc aux autres l'illusion de croire qu'ils paraissent ce qu'ils ne sont pas. En se trompant eux-mêmes, ils ne trompent personne. Il faut être ce que l'on est. Le naturel ne ment pas. Et, à défaut de t'ouvrir les portes des salons, cela te vaudra la sympathie des gens de qualité qui savent par expérience faire immédiatement la différence entre le factice et l'authentique.

Chacun peut être tenté, par des effets de mode, de montrer un visage qu'il n'a pas, de se façonner une personnalité qui sonnera faux.

Dans un monde où paraître semble plus important qu'être soi-même, l'authenticité est une vertu si rare que rien ne doit l'altérer.

Image, notoriété

Tu remarqueras et tu mesureras la vanité des choses et des êtres par l'importance qu'ils accordent à la citation de leur nom ou à la diffusion de leur image à la télévision.

Et le poids de leur notoriété est jaugé au nombre de secondes qui leur sont accordées !

Chacun voudrait être connu et reconnu.

Mais à quel prix ?

La télévision est un miroir déformant dont certains croient qu'il suffit de s'y produire pour imprimer à jamais la marque de leur passage.

Etre soi-même exige plus de retenue, de distance, de confiance en soi.

Choisir d'être, au détriment de paraître, c'est assurément un passage moins fréquenté que les boulevards de la vanité.

On ne choisit pas d'être ce que l'on est, on le devient peu à peu, mais on peut décider de ne pas succomber à la tentation du « paraître » qui permet aux âmes faibles, l'espace de brefs instants, de surmonter la réalité.

Admire-t-on la maison préfabriquée à la hâte ou, au contraire, jette-t-on sur celle du pêcheur, bâtie à la chaux et à la main, un regard d'envie, tant elle a la marque de l'authenticité ?

Accorde toujours, sinon le plus souvent, ton attention, tes égards, à ce qui est vrai et laisse le superficiel s'évanouir comme disparaissent les ronds dans l'eau après qu'un enfant y ait jeté un caillou...

L'affectation

Rien, dans ton comportement, ne doit être affecté.
Fière et modeste, telle sera ta ligne de conduite.
La tête haute, le regard franc, accomplis ce pourquoi tu es faite et quelle que soit l'ampleur du succès qui couronnera tes efforts.
Rester modeste.
Accessible à tous et appliquée à ne pas vouloir polariser l'attention.
Une tête bien faite ne se monte pas du col !
Savoir être simple est un art et non un artifice.
Un don qui ne saurait être entaché de la moindre affectation.
Puisses-tu en être dotée.

Grise mine

Il est vain de faire état de ses soucis. Ceux à qui tu les confieras ne feraient que te plaindre.
Garde pour toi ce qui te tourmente.
Montre un visage serein, sinon réjoui, et tu auras en échange sourires et accolades. Mais si tu fais grise mine, on se détournera de toi comme on s'éloigne de ceux dont la fortune n'est plus ce qu'elle était.

Ne pas se plaindre

Garde en mémoire que rien n'est acquis ni dû.
Si la vie te sourit, profites-en, mais il t'arrivera, comme à tous ceux qui ont des ailes, de retomber lourdement.
Si tu donnes à chaque chose sa juste dimension, tu n'auras pas à redouter les atterrissages en catastrophe.
Efforce-toi de sourire à la vie, elle te le rendra au centuple.

À trop écouter...

Rien ni personne n'est assuré de réussir et de gagner à coup sûr.
Quelles que soient les précautions que tu prendras, les conseils que tu solliciteras, il te faudra, si tu veux aller de l'avant, courir le risque de te tromper.
Seule. C'est à ce prix que tu parviendras à triompher, là où d'autres, à trop écouter les uns et les autres, à peser le pour et le contre, échoueront ou s'abstiendront.

Écoute... mais

Il ne faut pas croire ce que racontent les grandes personnes. Pour te faire une idée, ton idée, sur la vie, regarde, écoute, écoute encore et n'en pense pas moins Tu verras que, souvent, la vérité est ailleurs.
Plus tu grandiras et plus, autour de toi, tu trouveras des gens bien intentionnés qui te diront de ne pas prendre de risques. Tu prêteras une oreille polie et tu suivras ton propre dessein.
La route sera sans doute plus longue, plus tourmentée, mais elle sera aussi moins défrichée et te mènera plus loin.
C'est ainsi que tu découvriras ce que l'on appelle la « force intérieure », ce pouvoir formidable que tu possèdes et au creux duquel se niche la volonté.

Découvrir les passions des autres

Il est judicieux de laisser s'exprimer ton interlocuteur. Mais, au préalable, il est indispensable de connaître quelques-unes des passions qui l'occupent.
Encourage-le à t'en parler, sans omettre de te montrer captivée.
Non seulement, il t'en saura gré mais, mieux encore, c'est le moyen le plus sûr d'exercer ton ascendant sur lui sans en avoir l'air !

La pudeur

Évoluer en société peut être cruel pour qui n'en connaît pas les rites.
Mon propos est de t'éviter ces faux pas qui peuvent mettre à mal l'orgueil, et entamer ta confiance.
Si tu es timide, impressionnée par le nombre ou la qualité des personnes qui t'entourent, sache qu'ils apprécieront la délicatesse de ta pudeur, là où tant d'autres parlent haut et fort.
Moins tu parleras de toi, et plus le mystère dont du dois t'entourer, contribuera à accroître la curiosité à ton égard.
Savoir rester à l'écart, ne pas trop facilement se lier, est le moyen le plus sûr que je connaisse d'être l'objet de sollicitations multiples !

Admettre ses erreurs

C'est ne pas faire preuve d'intelligence que de ne pas reconnaître ses torts.
Il faut être bien fat pour en avoir honte. Reconnaître une erreur, confesser une faiblesse, admettre tout simplement que l'on s'est trompé, c'est se montrer plus sage aujourd'hui qu'on ne l'était hier.
Mais avouer ses failles est cependant une force qu'il ne faut utiliser qu'à bon escient.

La trahison

Pour éviter d'être trahie, montre que tu ne redoutes pas de l'être ! Et si tu nourris quelques soupçons sur la sincérité d'un collaborateur ou d'un proche, sois plus affable que méfiante, la vanité poussant les traîtres à se montrer à visage découvert, persuadés d'avoir endormi ta vigilance !

Travailler avec plaisir

Dieu a conçu l'Univers en six jours.
L'homme peut faire en vingt-quatre heures beaucoup plus qu'il ne fait.
Mais son tort est de considérer qu'à chaque jour suffit sa peine.
Si, par bonheur, les jours ne te paraissent pas assez longs, c'est que ce que tu fais est, pour toi, un plaisir.
Alors, ce sera une bénédiction.

Le travail

Le travail n'est pas une besogne. Il nous aide à nous affirmer. À nous élever. À satisfaire par notre effort nos besoins essentiels. À acquérir la liberté. Il nous empêche aussi de sombrer dans l'ennui et l'inutilité.
Quand le travail que l'on accomplit est celui que l'on a choisi, il nous apporte en plus la satisfaction de réaliser ce que l'on aime.
Il faut donc prendre le travail au sérieux, le considérer comme un bienfait et non comme un pensum.
Ainsi, tu auras toujours le bonheur de travailler pour ton plaisir, ce qui est le gage d'un ouvrage bien fait.

La beauté

La beauté sans bonté est fade. Ce n'est qu'une image qui jaunit et se froisse avec le temps... tandis que la bonté bonifie et adoucit les traits.
Être bon, c'est donner sans rien attendre en retour. C'est écouter sans impatience. C'est aider sans espérer, à ton tour, être aidé. C'est, tout bonnement, éprouver du plaisir à faire plaisir... et crois-moi, cela se lit sur un visage.

Les enfants

Quand tu auras des enfants, veille à ne pas contrarier leurs passions ou leurs élans.
Qu'ils prennent les murs de leur chambre pour en faire des tableaux !
Qu'ils martèlent le piano ou grattent leur guitare à s'en abîmer les doigts !
Qu'ils monopolisent l'ordinateur de la maison !
Qu'ils gribouillent leurs cahiers d'écoliers pour traduire leurs émois !
Laisse-les faire.
C'est ainsi que naissent les vocations. Et si tu es patiente, compréhensive et, qui sait, émerveillée par tant d'activités, tu seras récompensée par le bonheur qu'auront, plus tard, tes enfants à vivre leurs passions...

La médisance (1)

Si modeste que soit une réussite, elle provoque jalousie et médisances.
Il y a toujours plus à perdre à se mettre au niveau des envieux.
Garde-toi de te justifier.
Pour répondre à ces injures, sans te salir ni te compromettre, feins de les ignorer car les mots sont emportés par le vent et le temps joue à l'avantage de l'innocente victime.

Dire non

Il est souvent plus simple de dire « oui ».
Dire « non » c'est courageux, mais le faire systématiquement serait aussi creux que le « oui » qui tombe automatiquement de la bouche.
On n'apprend guère aux enfants la valeur positive de la négation, de crainte de leur inculquer le culte de la rébellion.
Pourtant, c'est grâce à ceux qui, dans les pires circonstances, ont eu le courage de s'opposer quand la majorité acquiesçait, que l'on jouit de nos libertés. Penses-y.

Trouver son chemin intime

Pour plonger en nous-mêmes, extraire le minerai précieux qui s'y trouve, il faut d'abord se sublimer. Le courage, l'honnêteté et la lucidité sont nécessaires pour entreprendre ce voyage intérieur. Peu s'y livrent, de crainte d'en revenir les mains vides et plus désespérés qu'avant...

Ne redoute pas cette aventure car il y a, en chacun de nous, ce qui fait le fondement de notre vie.

Certains s'en vont sillonner le monde dans l'espoir, souvent chimérique, de découvrir le filon qui changera le cours de leur destinée, alors qu'ils ont en eux l'or après lequel ils courent.

D'autres, et je souhaite qu'il en soit ainsi pour toi, trouveront ainsi le sens de leur vie... le seul trésor qui vaille qu'on se damne pour lui !

L'ambition

Si l'ambition, poussée à l'extrême, peut faire plus de mal que de bien, l'esprit de conquête, au contraire, maintient en alerte, ouvre des horizons et fertilise l'imagination. Mais, pour réaliser de grandes choses, il faut apprendre à vivre comme si nous étions immortels.

Se surpasser

Veux-tu me dire à quoi servirait la vie si l'on ne faisait pas plus et mieux que ses parents ? Parfois, les enfants débutent avec un handicap. D'autres, plus chanceux, avec des atouts. Est-ce un hasard si ce sont les premiers qui se surpassent et les seconds qui se prélassent ?
C'est parce que tu as la chance de ton côté qu'il te faut faire plus d'efforts pour t'en montrer digne. C'est un devoir d'excellence, pas seulement pour plaire à tes parents, mais aussi pour t'épargner les pièges de la facilité qui aspirent vers le bas. C'est également parce que la vie, quand elle est prise comme un défi, a davantage de piquant.
Faire plus et mieux que ses parents est un devoir qui n'a rien de contraignant. Améliorer sans cesse l'œuvre entreprise, c'est apporter sa pierre à l'édifice, c'est avoir sa part sans l'avoir usurpée.
C'est honorer tes parents et surtout t'honorer toi-même !

Vivre, espérer

Il faut, pour vivre, espérer, espérer chaque jour qu'un lendemain viendra te délivrer de l'angoisse... du lendemain.
Il faut, pour vivre, ne pas se laisser vivre, mais vivre dans l'urgence, ne pas laisser le temps filer, glisser entre les doigts.
Il faut, pour vivre, rêver les yeux ouverts et ne dormir que d'un œil, avoir l'ouïe aux aguets et se tenir mentalement prêt à bondir.
Il faut, pour vivre pleinement, commencer par apprendre à survivre, exiger de soi des sacrifices que nul autre ne pourrait t'imposer et, une fois ce rituel accompli, te dire, les yeux dans les yeux, que survivre, c'est déjà une grâce tombée du ciel pour t'inciter à jouir de la vie.
Il faut, pour vivre – Éternel notre Dieu, pardonnez nos offenses ! –, porter son regard vers l'éternité, et se convaincre que rien n'est une fin.
Il faut, pour vivre, aimer et être aimé, ne jamais considérer pour acquis ce qui t'est donné, et faire de l'incertitude ton unique certitude.
Enfin, si tu doutes, sache qu'il te reste à accomplir ce pourquoi tu es née, chercher et chercher toujours, inlassablement, le sens de ta vie.
Car il faut, pour vivre, ne jamais croire que l'impossible est impossible et, si du miracle tu fais ton pain quotidien, très vite, tu réaliseras que le miracle est davantage à portée de ta main que tu ne le croyais !

Le plaisir défendu

Certains plaisirs nous valent plus de tracas et de déboires que d'autres, plus innocents. Mais nous ne le constatons qu'après. Tu ne trouveras donc pas une liste exhaustive des plaisirs défendus qui, je te l'accorde, sont à l'appréciation de chacun. Mais il n'y a de plaisirs interdits que ceux qui détruisent notre corps et notre âme.

Est bien fou celui ou celle qui cherche à défier le sort pour le tenir en échec. Car il faut bien peu d'estime de soi, de confiance – et je ne te parle pas d'amour des autres – pour se détruire. Ce « plaisir » est une drogue qui, quel que soit son nom, s'avère mortelle.

Indépendance

La réussite ne te sera jamais servie. Veille à t'émanciper de la servitude d'être servi et de ces libertés factices et coûteuses. Cette indépendance te permettra de trouver la voie la plus courte pour atteindre ton but.

N'attends pas des autres qu'ils fassent ce que tu peux faire toi-même. Tu gagneras du temps et, ainsi, tu tireras une double satisfaction. La principale étant qu'il n'y a pas de meilleur et plus fidèle serviteur pour soi... que soi-même !

Tracer ta route

Tu seras ce que tu deviendras. Quels que soient les bienfaits reçus à ta naissance, même si, dans ton berceau, tu as eu, comme on dit, une cuillère d'argent dans la bouche, c'est toi et toi seule qui traceras ta route. C'est toi qui décideras si tu veux aller vite, loin, ou, au contraire, si tu choisis de flâner en chemin.
Ce que peuvent faire les parents, c'est beaucoup et peu à la fois. Peu, parce que quoi qu'ils fassent, tu trouveras qu'ils en font trop. Beaucoup, parce qu'ils voudront, parfois maladroitement, te confier le lourd bagage de leurs expériences (peut-être est-ce mon cas ?) dont tu pourrais tirer profit s'il n'était pas aussi pesant à porter ! Mais prépare-toi à devoir accomplir, deux fois, dix fois plus d'efforts que ceux qui n'ont pu faire autrement que de s'engager sur un parcours déjà tracé.

Les secrets (1)

Ma fille, mon enfant, tu te crois déjà grande, et peut-être l'es-tu, en effet, au moment où tu parcours ces pages. Un jour ou l'autre, tu voudras garder pour toi tes peines et tes chagrins.
Nul ne doit pénétrer par effraction dans ton jardin secret, à moins que, pour alléger la lourdeur de ton cœur et, qui sait, rendre ton chagrin à de plus justes proportions, tu ne choisisses d'en parler à tes parents.
Une mère, un père ne sont ni des juges ni des amis, mais tu es la chair de leur chair et, à ce titre, en toute simplicité, tu peux te confier. Tu verras combien, parfois, tu te sentiras soulagée.

L'amour vrai

Tu verras, et tu entendras forcément beaucoup de contes sur l'Amour.
J'espère que tu rencontreras le bel Amour, l'amour vrai, celui qui se nourrit de passion et de raison, de tendresse et de complicité.
L'amour est fait d'exigences, pas de caprices.
Il se reconnaît, en fait, avec le temps.
Deux êtres différents finiront par se ressembler.
Il ne faut pas s'en étonner : les grandes personnes, comme les enfants, finissent par se « mimétiser », si j'ose dire.
On prendra les deux amants pour frères et sœurs, tant certains traits, certains tics leur donneront une ressemblance troublante.
C'est le miracle de l'amour, un signe que ces deux êtres sont faits pour partager leur vie.
Le grand Amour connaît tourments et tempêtes. Tu en souffriras.
L'angoisse d'être trahie, d'être abandonnée, te taraudera comme elle hante chacun de nous.
Tu connaîtras les affres de la jalousie, qui rongent et rendent si maladroit.
Tu ne raisonneras plus !
Pour surmonter un chagrin passager – car tous les chagrins le sont – il faut juste un tout petit peu de patience et d'insouciance.
Et ne jamais monter sur ton cheval d'orgueil.
Laisse cela à ceux et à celles qui manquent d'assurance et croient se donner fière allure en campant sur leurs positions...

Amour et sexualité

La sexualité est un sujet que les pères ont beaucoup de mal à aborder avec leurs enfants, et particulièrement avec leurs filles.
Je te dirai simplement que les garçons sont sacrément malins pour séduire les filles. À ce sujet, dans le passé, j'ai commis un traité que je te recommande si, avec indulgence une fois encore, tu peux le parcourir pour découvrir comment les hommes s'y prennent afin de faire tomber les jolies filles dans leurs bras, à coup sûr ! Hier comme de nos jours, aujourd'hui comme demain, les méthodes de séduction restent immuables.
Pour une jeune fille, l'acte d'amour est beaucoup plus sacré que pour un homme.
Elle engage plus que son corps, car elle y ajoute les sentiments...
Je ne dis pas que tous les hommes en sont dépourvus quand ils font l'amour, mais, enfin, rares sont les rencontres amoureuses du « premier type » qui se traduisent, chez eux, par un coup de foudre destiné à durer toute leur vie !
Prépare-toi à quelques déceptions.
Montre-toi exigeante pour ne pas succomber aux premiers frissons, aux mots doux prononcés très vite à ton oreille, aux caresses destinées à te faire perdre la tête.
L'acte d'amour est un plaisir, à condition qu'il soit partagé.
Mieux vaut donc ne pas galvauder son corps et son esprit dans des joutes sans lendemain.
Il me faudrait, pour parler de l'amour, la plume aérienne du poète et l'encre sulfureuse de « l'écrivain maudit »
.../...

.../...

pour trouver les mots tendres et drus qui définissent l'amour moins sèchement que dans les dictionnaires. Pareils aux papillons qui virevoltent autour de la lumière, les garçons font mille grâces autour des jeunes filles en fleurs pour les faire rire aux éclats, vanter leur beauté et les faire basculer très vite, trop vite, pour leur égoïste plaisir. C'est ton père, un homme qui sait de quoi il parle, qui se devait de te mettre en garde contre les « garçons » de son espèce !

Les blessures du cœur

La tendresse et l'amour sont des biens précieux sur lesquels il faut veiller jalousement afin de ne pas les souiller. Il arrive que de cruelles désillusions vous fassent regretter de les avoir dispensés à tort et à travers. Si cela t'arrive, il ne faudra pas pour autant durcir ton cœur.
Nous avons tous connu des déceptions et des blessures qui saignent. Et puis « la mémoire qui flanche » et l'oubli font qu'à nouveau – envolés les serments –, nous sombrons dans les mêmes errements. Ainsi est l'être humain, qui ne se résigne pas et poursuit aveuglément sa quête du bonheur, en tâtonnant.
C'est pourquoi, si difficile que soit à supporter un échec sentimental, laisse ouvert ton cœur. S'il saigne, c'est bon signe et quand, après s'être cicatrisé, il se remettra à battre fort, c'est que l'homme qui aura su lui redonner la vie sera digne de toi !
L'Amour, le bel Amour, celui qui illuminera ta vie, surviendra au moment où tu ne l'attends pas. L'Amour est coquin, l'Amour est taquin, imprévisible. Mais il te sera facile de le reconnaître. Car, sans risque de te tromper, tu liras dans ses yeux la même étincelle qui jaillit dans les tiens.

Larmes et sanglots

Un jour viendra, le plus tard possible je l'espère pour toi, où tu verseras toutes les larmes de ton corps.
Tu croiras alors que le monde s'est écroulé pour toujours.
Ne les cache pas, laisse le temps les sécher.
Les chagrins les plus grands ne sont pas immortels.
Vouloir les réprimer cause plus de douleur que de bien.
Pleure donc tout ton saoul, sans rien cacher de ta détresse, car la peine et le chagrin t'honorent.
Il ne sert à rien de vouloir prendre sur soi quand une douleur de l'âme, si forte qu'elle vous arrache larmes et sanglots, déferle en nous-même.
Il n'y a point de honte à se laisser aller, et c'est une force d'avoir de telles faiblesses.
Car il faudrait un cœur de pierre, une indifférence monstrueuse, pour rester de marbre quand un être cher, amant, ami ou parent vous quitte.
Puis, plus tard, au rappel de doux souvenirs, à nouveau des larmes plus paisibles couleront sur ton visage.
Je les verrai où que je sois et, parce qu'un père ne peut supporter longtemps le chagrin de son enfant, je veillerai à ce qu'un vent léger vienne caresser ton visage pour que, telle l'ondée du petit matin, tes larmes sèchent aussi vite qu'elles sont apparues.
Puis, par le miracle des ondes qui lient pour l'éternité le père et sa fille, tu pourras, le cœur léger, poursuivre ton chemin parce que tu n'auras pas oublié ceux qui t'ont tant aimée.

Les compliments

Comme tu es belle, Prunelle, tu seras l'objet de toutes les sollicitations. Sous les compliments tu crouleras.
Il est bon de les entendre, point de les écouter.
Pour faire la part juste des choses, mets tes courtisans à l'épreuve en grimaçant quand ils attendent que tu souries, en manifestant quelques judicieux caprices quand ils ne l'attendent pas.
À ce jeu, tu discerneras vite ceux qui te prennent pour ce que tu n'es pas.

Les critiques

Les compliments font du bien et rassurent. Les critiques émises sans agressivité font progresser.
Les premiers sont à accueillir avec circonspection, les secondes avec attention, car nous cessons d'être lucides lorsqu'il s'agit de nos erreurs ou de nos maladresses.
Les compliments sont généralement dispensés par des inconnus cherchant à gagner nos bonnes grâces.
Les critiques, plus sincères, émanent de nos proches qui ne redoutent pas de nous déplaire !

L'argent

Parlons d'argent, veux-tu ?
Cela ne doit pas être un sujet « tabou ».
Il y a les « riches », mais pas nécessairement ceux qui possèdent une grosse fortune, pour qui tout est un « dû », et puis ceux que j'appellerai les « pauvres », pas nécessairement ceux qui ne possèdent aucune fortune, pour qui tout est un « don ». Je veux dire par-là que l'argent n'est ni honteux ni scélérat s'il ne rend pas arrogant celui qui le détient.
L'argent ne pare pas de toutes les vertus l'homme riche, il doit même exiger de lui une modestie plus grande, un cœur plus généreux, un comportement plus réservé. L'argent ne constitue pas une assurance tous risques contre les vicissitudes de la vie. Il a ses limites.
On reconnaît les gens de bien, à leur discrétion naturelle, à la volonté de ne pas étaler une fortune qui fausserait les rapports avec d'autres moins fortunés, peut-être. Car l'argent peut être le meilleur et le pire des alliés. Il faut apprendre à ne pas en être l'esclave. Mais, si tu as un esprit libre, tu constateras avec satisfaction que la compagnie des personnes plus modestes est souvent plus enrichissante. Quand faire fortune n'est pas le but d'une vie, quand on a compris que le bonheur est fait de simplicité, que le sourire d'un enfant est le comble de la joie, on peut alors aller loin, sans être rongé par l'angoisse et la peur qui sont les compagnons d'infortune des gens fortunés.

La ruse

Qui fait trop de compromis finit par se compromettre. Dans l'art de la négociation, il peut arriver que tu sois tantôt du bon côté, tantôt du moins bon si, par exemple, tu es obligée de... composer.
Ce sont, par nature, des attitudes différentes.
Si tu es sûre de ton bon droit, après avoir estimé le coût des pertes éventuelles que provoquerait ta fermeté, mais aussi les gains potentiels que tu en tirerais en ne cédant rien, alors sois ferme, sans être cassante.
Écoute tes interlocuteurs : s'ils sont demandeurs, c'est à eux de parler, de s'exposer, de faire connaître leurs intentions.
Assure-toi qu'en cas d'échec rien d'important ne puisse être irrémédiablement détruit ou anéanti.
Donne-toi le temps de la réflexion. Assure tes arrières et ne dis rien de tes projets.
Tu agiras, le moment venu, vite et par surprise.
Voyons maintenant l'autre cas.
Te voici obligée de composer.
Pour quelque raison que ce soit, il ne faut rien céder sans contrepartie.
Chacun, dans une négociation, a à perdre ou à gagner.
Mais sache que nous avons tous un élastique, disons qu'il est plus ou moins long pour chacun de nous, et qu'en le tirant trop, on finit par le casser. Mesure le tien, évalue celui de ton adversaire.
Dans une négociation, il doit y avoir deux gagnants, jamais deux perdants.
En toute circonstance, il est plus habile de laisser croire à ceux qui ont cédé qu'ils ont « gagné la partie ». Car il

ne faut jamais ni écraser, ni humilier le perdant. Et lui laisser une honorable porte de sortie.
Ainsi, il arrive parfois que des adversaires bien traités deviennent plus tard des alliés inconditionnels.

Les préjugés

Ne mésestime jamais ton ennemi.
Ne surestime jamais ton ami.
Ne te laisse gagner, en aucune circonstance, par des préjugés parce qu'ils t'empêcheraient de jauger l'un et l'autre à leur juste dimension.

L'art de diriger

Ce serait une erreur de croire qu'il suffit de commander pour être obéi.
Écouter le point de vue de chacun, et faire valoir le tien, sans chercher à l'imposer par la force, sont à part égale nécessaires.
Mais le seul, le vrai moyen d'être écouté est de donner l'exemple.
L'autorité ne naît pas de l'autoritarisme mais de l'exemplarité.
Dès lors, tu pourras tout exiger de ceux qui t'auront vu accomplir les tâches les plus ardues.
Apprends à reconnaître leurs mérites et, lorsqu'ils failliront, tu pourras leur faire des reproches qui ne soient pas injustes.
Si tu exiges de tes collaborateurs d'être présents à 9 h 00, sois toi-même la première à te rendre à ton travail.
Si tu veux être respectée pour tes qualités professionnelles, fais-en plus qu'eux.
On peut être proche sans être familier, amical et compréhensif sans être complaisant.
Diriger exige du doigté, mais aussi beaucoup de rigueur.
Fais en sorte, si tu veux voir clair, de régler en priorité les problèmes les plus difficiles, dès le début de ta journée. Ainsi, tu auras l'esprit dégagé pour créer en toute liberté.
Abstiens-toi de confidences à aucun de tes collaborateurs dont, hélas, tu ne sais pas s'ils seront toujours à tes côtés.

.../...

.../...

Ne confie à personne le soin de consulter les dossiers les plus importants, ce qui ne t'empêche pas de prendre conseil auprès de spécialistes dont tu te seras enquis du sérieux et de la disponibilité.

Prends toujours deux avis plutôt qu'un.

Tu ne devras pas hésiter, lorsqu'un sujet ne t'est pas familier, à le dire pour mieux t'informer.

Et si, par bonheur, tu aimes ce que tu fais, tu auras le sentiment de bâtir, d'être l'architecte de ton propre univers.

Cela est un bienfait réservé à quelques heureux sur cette planète.

C'est la grâce que je te souhaite.

Le chef

Sois à ton égard un juge sévère, et un peu moins pour ceux qui t'entourent.
De ceux en qui tu places ta confiance, tu peux exiger autant que de toi-même. Attends-toi, malgré tout, à quelques déceptions.
Il est rare que ceux à qui on demande beaucoup le prennent pour une marque d'estime !
Et si tu veux qu'ils continuent à œuvrer à tes côtés avec enthousiasme, encourage-les et récompense-les.
C'est ainsi que tu pourras maintenir tes troupes en éveil et qu'ils verront en toi un chef, c'est-à-dire quelqu'un capable d'être juste, surtout quand il exige beaucoup.

Géants aux pieds d'argile

On escalade bien des montagnes. On peut donc affronter ceux qui nous paraissent être des géants.
Déceler leur talon d'Achille assurera ton emprise sur eux, tout comme il est nécessaire, avant une ascension, de s'enquérir du plus sûr moyen d'atteindre la sommet.

Le jour se lève

Ne laisse pas un jour s'éteindre sans l'avoir apprécié.
Il faut être bien ingrat pour ne pas se réjouir de le voir se lever.
Il y a bien les grincheux, les insatisfaits qui trouvent les heures trop longues, qui les comptent dans l'espoir de voir la fin de leurs soucis.
Pourtant, il t'arrivera aussi, sans doute, de ne pas aimer certains jours, parce que rien n'aura été comme tu l'espérais.
Sache que, si rien ne se produit aussi vite qu'on le veut, ce n'est pas un hasard.
Si ton impatience te domine, tu commettras plus d'erreurs que tu n'en tireras de profit.
Mais, si tu parviens à diriger tes pensées vers d'autres sujets de préoccupation moins pesants, tu ne t'irriteras plus de devoir attendre... puisque tu n'y penseras plus !
Ne laisse pas s'assombrir un jour qui se lève par des problèmes dont la solution ne t'appartient pas.

La parole donnée

N'engage pas ta parole à la légère.
Si tu l'as donnée, tiens-la.
Si tu hésites à la donner, abstiens-toi.
Mais, en toute circonstance, sache que le respect de la parole donnée te vaudra celui de tous, y compris de tes éventuels détracteurs.
Car, si une signature au bas d'un contrat peut toujours se contester, la parole que tu auras donnée ne s'envolera jamais.
C'est ainsi que l'on acquiert le respect d'autrui.
En voulant éviter, peut-être, pour la circonstance, un dédit ou une quelconque pénalité, ils perdront à jamais tout crédit auprès de leurs interlocuteurs.
Or, la vie est longue et il est rare que l'on ne retrouve pas ceux qui ont failli.
Respecter sa parole, c'est se respecter soi-même.
Lorsqu'un mot de toi vaudra plus encore que ta signature, alors tu sauras que tu as conquis cette crédibilité qui te permettra d'être considérée comme une personne dont la parole est d'or.
C'est un atout précieux grâce auquel, à la seule évocation de ton nom, les portes les plus hermétiques s'ouvriront.

La puissance

Il te sera facile de savoir qui est puissant et qui feint de l'être.
Le premier ne s'embarrassera pas de courtisans et il sera disponible pour te recevoir avec simplicité, même s'il est au faîte de la gloire !
Le second s'adonnera à mille manières. Il te fera sentir l'honneur qu'il te fait, mais tu sauras qu'à vouloir se donner tant d'importance, c'est admettre que l'on n'en a pas autant.

Remercier

Quand un service t'est rendu, n'oublie jamais de remercier et fais-le promptement.
Savoir recevoir est la marque des seigneurs, mais ne pas témoigner sa reconnaissance est celle des goujats.
Ce sont, bien souvent, grâce à ces petits gestes que se nouent de durables relations ou des amitiés nouvelles.

La jalousie

Sera-tu épargnée par la jalousie? Malheureusement, j'en doute.
Tu seras, à un moment ou un autre, jalouse. Et tu en souffriras.
Mais, s'il veut être majuscule, l'amour a besoin de ce piment.
Et c'est cet amour qui magnifie, transfigure et tourmente aussi, que je te souhaite.
Voilà pourquoi j'accorde à la jalousie des circonstances atténuantes et que je lui reconnais même quelques grâces, comme celle de nous rappeler que nous lui devons parfois de grands émois.

La sincérité

Si tu joues avec tes sentiments, ils te joueront de mauvais tours.
Mais il est vrai que, souvent, la sincérité n'est pas payée en retour.
Il te faudra, pour ne pas être déçue, ne pas engager ton cœur trop à la légère. Car les blessures du cœur sont les plus douloureuses.
Mais ce sont ces sillons qui nous marquent et nous rendent plus humains.
Il faut donc accepter l'outrage de voir sa sincérité bafouée.
Qu'importe, le jour viendra où elle rencontrera un écho favorable, alors tu seras remboursée au centuple des déboires qu'elle t'aura valus !

L'humour

Il faut beaucoup d'humour pour ne pas flancher au premier croche-pied.
De l'humour afin d'être capable de rire de soi, avant que d'autres ne rient de toi dans ton dos.
En vérité, l'humour doit, pour étinceler, s'exercer exclusivement aux dépens de soi-même.
Tu peux être assurée que ceux qui pratiquent la dérision, au détriment de moins forts qu'eux, signent l'aveu de leurs propres faiblesses.
Ils font preuve d'une suffisance et d'une arrogance qui devraient les discréditer à tes yeux.
L'humour est indispensable pour briller en société où, à juste raison, l'esprit a plus de prix que... l'argent.
Si tu détiens ce pouvoir de sourire à tes dépens, sans jamais blesser par une flèche acérée quiconque autour de toi, tu mettras, en toute circonstance, les rieurs et les beaux esprits de ton côté et, d'une pirouette, tu cloueras le bec à d'audacieux contradicteurs.
Laisse aux aigris l'usage du sacarsme qui révèle plus d'aigreur que d'esprit.
Tu auras compris qu'un homme dépourvu d'humour est un homme qui se prend au sérieux. Ce qu'il y a de pire, tu en conviendras !

Les invités

Je ne connais rien de plus humiliant que de tirer profit de situations où les invités se trouvent en position d'infériorité.
La pudeur la plus élémentaire, sinon le minimum d'élégance, exige de s'effacer pour leur permettre de briller davantage, ce qui, de plus, te vaudra leur reconnaissance.

Illusions, désillusions

J'ai déjà dû te dire qu'il ne fallait pas se faire d'illusions, ou plus exactement ne pas avoir d'illusions.
Je veux dire par-là que les illusions qu'on a, ou que l'on se fait, provoquent généralement de cruelles désillusions.
Par contre, les rêves que tu as, ne te décevront jamais.
Ils te permettront d'approcher de près les buts que tu te seras fixés.
Les rêves transcendent.
Les illusions bercent les hommes sans volonté, jusqu'au moment de leur réveil... douloureux.
Certes, les rêves sont plus difficiles à réaliser, mais ils nous transportent si loin que nul ne peut nous atteindre.
Il faut chausser, dans sa tête, des bottes de sept lieues et ne pas se laisser influencer par les esprits étroits qui tenteront de t'en détourner sous prétexte qu'ils sont inaccessibles, à leurs yeux.
Tu le sais, les hommes, ou plutôt des machines inventées et téléguidées par les hommes, circulent sur Mars...
Nul, à l'exception de ces génies que furent Léonard de Vinci, Jules Verne ou Herbert George Wells, n'osèrent l'imaginer. Pourtant, quelques siècles plus tard, des êtres comme nous l'ont fait.
Rien n'est donc impossible à atteindre, si on a la volonté et l'audace, lorsqu'on est porté par le rêve, mais ne t'attends pas à faire partager tes rêves au premier venu.

Il n'y a pas de petites choses

Dans le même temps où l'on accomplit de petites choses, on peut en faire de grandes.
L'effort est identique.
À se limiter à de petites choses, on finit par replier ses ailes.
Chacun de nous vaut beaucoup mieux que ce qu'il croit.
Ou qu'on lui fait croire.
Vole, l'espace t'appartient...

Audace et sagesse

Nos maîtres, dont la pensée traverse les siècles, disent que le but suprême de la vie est d'acquérir la sagesse.
Or, ni le bon sens ni la sagesse seuls, ne suffiront à atteindre les cimes, à s'approcher de ces zones où l'homme est funambule.
Si tu veux être sage, Prunelle, ajoute ce grain de folie – l'audace – sans lequel s'aventurer loin ou espérer les grandes choses, serait vain.
Car le vrai sage est celui qui sait apprendre de tous. Même du fou.

L'amour

L'amour doit s'entretenir avec le soin jaloux de l'horticulteur pour ses plus belles roses. Un mot de trop, un geste maladroit, et voilà l'élan amoureux brisé en plein vol.
Quand on aime, et si l'on veut être aimé, il ne faut jamais oublier que l'amour a la fragilité diaphane du papillon, et qu'il exige infiniment de délicatesse.
Seule la passion et le temps que brille sa flamme peuvent nous faire oublier cette élémentaire précaution.

La raison

Ni l'instinct ni la raison ne sont infaillibles.
Ce n'est pas sans raison que quelques-uns des plus heureux exploits, que les plus grandes réalisations de ce siècle, ont été accomplis par des hommes qui ont fait confiance à leur intuition !
La voix de la raison te grondera ; celle, plus secrète, de l'instinct t'encouragera.

Négocier

En toute négociation, l'art consiste à parler le moins possible.
Laisse donc tes interlocuteurs dire ce qu'ils ont à dire.
Manifeste ta considération par une écoute attentive.
Incite-les par un mot, une inclination suffit parfois à se dévoiler davantage.
Souvent, tu auras la bonne surprise de constater que leurs revendications sont inférieures aux concessions que tu t'apprêtais à faire.

Les anciens

Accorde de la considération aux anciens, en évitant de leur manifester de la condescendance, parce que tu es la plus jeune.
Car, dans très très très longtemps, tu seras, toi aussi, une grand-mère pimpante et fière de l'être.
Tu souris en parcourant ces lignes et tu dois te demander si j'aurais tenu ce raisonnement, à ton âge.
Bien sûr que non.

Entretenir son corps et son âme

Tout au long de ta vie, et elle est et sera de plus en plus longue, tu veilleras, pareillement, à entretenir ton corps et ton esprit.
Ne jamais laisser l'un et l'autre sans exercice.
Pour l'esprit, aiguise sans cesse ta curiosité.
Développe tes centres d'intérêt, non pour devenir un puits de sciences, mais pour que chaque découverte soit une nouvelle joie.
Quant au corps, que l'on délaisse souvent par paresse, il faut, sans basculer dans le narcissisme, le traiter avec soin si l'on veut qu'il nous mène loin.
Et, au fil des ans, à chaque étape de la vie, tu constateras avec fierté que le corps et l'esprit, comme le cavalier et son cheval, galopent à belles enjambées.

L'indépendance

Ne pas être un mouton, refuser de faire partie du troupeau,
ne pas applaudir avec les sots,
garder l'esprit libre et critique.
Laisse ta personnalité s'exprimer,
cultive ta différence,
affirme avec force tes convictions,
fais avancer tes idées,
ne recule pas devant les menaces.
Et, n'oublie pas, quand tu douteras de l'issue d'une confrontation, que les adversaires les plus fortunés sont les plus fragiles et plus terrorisés que toi par la perspective de l'échec.
Ne te laisse pas enfermer dans les grilles dorées et capitonnées de la « bonne société » ; tu y perdrais ce qui fait la beauté et la richesse d'une vie : l'indépendance.

L'essentiel est de gagner

Un vieux principe, édicté par le baron de Coubertin, l'un des inventeurs des Jeux Olympiques modernes, a fait beaucoup de mal à la jeunesse.
« L'essentiel, clamait-il, est de participer. »
Mais, s'agissant de compétition, il eut été mieux inspiré de déclarer que « l'essentiel est de gagner ».
Il n'y a pas de fausse honte à avoir quand on entreprend une œuvre, lorsqu'on s'engage dans une épreuve, quand on bâtit une entreprise ou lorsque l'on suit des études. C'est pour obtenir le meilleur résultat et conquérir la première place.
Gagner s'apprend.
Pour cela, il ne faut pas redouter de perdre... Car ce sont bien souvent à partir des défaites, que l'on retient les leçons qui annoncent de bien belles victoires.
Tu iras loin, tu iras haut si, ne reculant devant aucun sacrifice, tu mets tous les atouts dans ton jeu pour remporter la compétition dans laquelle tu te seras lancée.
Cela peut s'appliquer à toutes initiatives que tu prendras.
N'écoute donc jamais, ou juste d'une oreille distraite, ceux qui te chanteront les mérites des éternels perdants à qui il manquait juste le souffle pour gagner !

La vie est un puzzle

L'homme pressé voit rarement ce qui est sous ses yeux et à portée de ses mains.
C'est grâce à un banal incident que j'ai pu mesurer les vertus de la patience.
Il y a bien des années, un puzzle me fut offert.
Impatient comme un enfant, je m'étais mis, séance tenante, à l'ouvrage.
Malgré mon obstination, il manquait toujours quelques éléments qui m'auraient permis de progresser dans la reconstitution de cette grandiose image.
Rien n'est plus rageant, lorsque l'on est si près du but, de ne pouvoir l'atteindre !
Malgré ma persévérance, mon agitation grandissante, je ne parvenais pas à dénicher les pièces magiques qui étaient forcément sous mes yeux.
Mortifié et agacé, je m'en désintéressai.
Plusieurs semaines passèrent sans que j'y jette un œil.
Un soir, pourtant, je retournai dans mon bureau et, comme par enchantement, toutes les pièces qui me faisaient défaut surgirent sous mes yeux, de manière évidente !
Je retins la leçon.
Loin de la pression, sans se hâter, les choses se mettent d'elles-mêmes en place et prennent leurs justes dimensions.
Le recul, vois-tu, est souvent l'espace qui nous manque pour voir ce qui nous crève les yeux.

L'injustice

Trop souvent, la société agit comme s'il appartenait à l'innocent de démontrer sa non culpabilité.
Seuls, les coupables se résignent et si, par hasard, la justice – qui n'est pas une science exacte – accable un être victime d'apparences contraires, ne sois pas la dernière à lui porter secours si, par ta fonction ou tes moyens, tu peux contribuer à l'aider à recouvrer la liberté.
La noblesse du cœur, le courage, l'abnégation sont des vertus trop rares pour ne pas les utiliser si Dieu te les a données à ta naissance.

Comprendre

Si tu as mal à la tête, un docteur te recommandera de prendre de l'aspirine.
Un bon médecin, lui, s'attardera et voudra comprendre pourquoi tu souffres si fréquemment de tels maux.
Le premier accomplit son devoir. Simplement.
Le second exerce un sacerdoce.
Inspire-toi de cet exemple pour éviter les solutions qui laissent toujours les vrais problèmes en suspens.
C'est au fond du puits que l'on trouve l'introuvable.

La tolérance

On attend des autres qu'ils se montrent tolérants à notre égard quand nous exprimons ou défendons des idées opposées aux leurs.
À ton tour, donc, de te montrer tolérante, de considérer que l'on ne doit pas se porter juge des opinions et des convictions de chacun.
Si tu y parviens sans forcer ta nature, tu auras une plus grande liberté pour t'exprimer sur toute chose et être écoutée par le plus grand nombre.

L'éternité

Le mystère de la brièveté de la vie nous pousse à nous surpasser.
L'autre vie, plus longue, qui nous est promise, est encore plus mystérieuse.
Ce n'est pas une raison suffisante pour la redouter ou ne pas y croire.
Et tu sais désormais, pour avoir peut-être parcouru certaines pages de ce livre, que plus loin on porte son regard et plus l'horizon s'élargit et nous ouvre... d'autres horizons.

Les qualités d'autrui

Ne t'attarde pas trop sur les lacunes des uns et des autres.
Tu les a décelées, c'est bien.
Mais il te sera plus profitable de t'attacher à découvrir leurs qualités.
Ainsi, tu éviteras l'erreur commune aux esprits superficiels de sous-estimer ceux qui ne leur ressemblent pas.

La patience

Plus d'une fois, parce que tu es impatiente, tu t'agaceras de la lenteur de bien des gens.
Chacun a son rythme.
Je connais des hommes pressés, extrêmement patients, qui ont compris qu'à vouloir aller trop vite, ils perdaient plus de temps qu'en se donnant... du temps.

Dieu

Je te dirai des religions le peu que j'en sais.
Il y a un Dieu et, dans les villes, des temples pour ceux qui cherchent à se rapprocher de lui.
Il y a ceux qui pratiquent la religion à la lettre, pour être en règle avec la loi écrite, et ceux qui s'en sont affranchis sans renier leurs convictions.
Il n'est pas indispensable, quand on n'a pas la foi ancrée en soi, d'entrer dans le cercle, que certains prétendent vertueux, de la religiosité.
Il n'est pas non plus indispensable de redouter le pire pour croire en Dieu.
Quant aux mécréants qui nient son existence, aux scientifiques qui ne jurent que par le « big-bang » pour expliquer l'éclosion de l'univers et l'émergence de la vie, quelques exemples devraient instiller certains doutes en eux.
La merveilleuse alchimie du corps humain, si parfaitement renouvelée des milliards de fois, était-elle le seul fruit du hasard ?
Comment ne pas être émerveillé par ces myriades d'insectes qui ont chacun un rôle à remplir ?
De la végétation luxuriante, de la diversité de la faune ?
Peut-on se satisfaire, faute de preuves concrètes, du fait que Dieu n'y est pour rien, mais que les éléments naturels, dont nous n'avons pas davantage la preuve de leur commencement, y sont pour quelque chose ?
Écoute ceux qui, avec certitude, nient l'existence d'une force supérieure. Il y a quelque chose de cynique dans leur raisonnement.

Écoute maintenant ceux qui croient : leur foi inébranlable éclaire leur visage.
D'où leur vient-elle ?
Faut-il définitivement douter d'un récit dont on n'a pas été le témoin direct ?
Moïse, du haut du mont Sinaï, a reçu les Tables de la Loi des mains du Tout-Puissant.
Moïse s'est-il livré à une mise en scène pour regrouper le peuple juif derrière lui et le détourner du Veau d'or ? Ou bien Dieu lui est-il vraiment apparu, dictant les dix commandements ?
Si Dieu est une invention de Moïse, quelle importance ? L'inspiration n'est-elle pas déjà divine ?
Remontons les siècles, veux-tu. Les historiens n'ont-ils pas mis en doute l'existence de William Shakespeare ? Que ce dernier soit l'auteur d'*Hamlet* ou qu'un inconnu l'ait écrit en empruntant son nom, cela enlève-t-il le moindre brin de génie à ce chef-d'œuvre ?
Ne pas croire en Dieu, soit, mais c'est admettre que toute destinée se termine dans une impasse.
La vie, Prunelle, je te le dis, est infinie. Elle s'égare en tous sens. Elle n'a de fin que si tu baisses les bras, si tu cesses de croire aux miracles, et si tu ne lèves pas ton regard vers le ciel.
Chacun de nous est une parcelle, l'une des multiples facettes de Dieu.

Prendre du recul

La femme, plus que l'homme, a pour vocation de rechercher le bonheur.
L'homme, dans toute sa complexité, est davantage motivé par l'ambition professionnelle.
Mais, de la réussite, chacun a une vision personnelle.
Les plus sages ont dit que la réussite, comme la gloire, n'était qu'un grain de sable qu'emporte le vent.
Il est donc plus sage de vouloir réussir sa vie, sans rechercher désespérément un succès de façade.
Ceux qui lui courent après, s'époumonent, s'étourdissent, et ne trouvent finalement de satisfaction que dans les revers subis par leurs adversaires.
En prenant quelque distance avec la réussite, c'est elle, peut-être, qui te courra après !

Le danger des bons mots

La vie en société impose que l'on mesure ses propos. Sois sûre de ceux qui t'entourent, pour parler le cœur libre, pour ne pas avoir, comme Ésope, à tourner sept fois ta langue dans la bouche avant de libérer le mot qui peut blesser.

Le sage dit que l'on gagne de l'argent à parler, mais de l'or à se taire. Médite cet adage et, avant que de dire, sois prudente et polie. Regarde autour de toi ceux que tu peux atteindre. Ainsi, au moins, pour un mot trop lestement lâché, auras-tu évité de blesser celui qui jamais ne te l'aurait pardonné.

Car le mot, une fois libéré, ne nous appartient plus.

Les diplômes

Parmi les obligations qui te seront imposées et que tu ne pourras vraisemblablement pas éviter, figure en bonne place la course aux diplômes.
Je ne t'infligerai pas la liste de ces grandes écoles qui, comme les étiquettes que l'on colle sur une valise au retour d'un beau voyage, permettent, à qui les fréquentent, d'être assuré de trouver une situation flatteuse.
Tu t'apercevras, à leur contact, combien certains sont pédants et que leur savoir n'excède pas ce qu'on leur a appris.
Tu verras aussi que les diplômes, s'ils ouvrent facilement les portes de l'administration, ne sont pas une garantie de réussite dans la vie, du moins au sens où je l'entends.
Ce n'est pas pour te détourner de grandes et prestigieuses études que j'ouvre cette parenthèse.
Mais il est de mon devoir de t'alerter sur la sclérose que peut constituer un séjour dans l'un de ces établissements qui font l'orgueil des parents et flattent l'ego de leurs enfants.
L'apprentissage de la vie se fait à tâtons, en butant sur d'innombrables écueils et, sauf à avoir une vocation scientifique, par exemple, mieux vaut s'enrichir par la lecture et la belle musique.
Cultive ton imagination, étends ton savoir dans les domaines qui t'intéressent et, comme le goût d'un plat qui te fait saliver, recherche ce qui te plaît, te convient et te nourrit le plus agréablement possible.
Nous avons chacun un parcours ; le tien, comme celui de tous les enfants du monde, est unique. Il reste à inventer.

Égare-toi là où les élans de ton imagination te porteront. Avec pour seule réserve, celle-ci : « N'hésite jamais, si tu crois t'être trompée, à rebrousser chemin. »
Cela ne sera pas du temps perdu mais, au contraire, un grand bout de route gagné, sur laquelle, cette fois, tu avanceras avec des bottes de sept lieues.

L'âge

Je veux te dire juste un mot sur l'âge. Tu es jeune, très jeune, et l'avenir balbutie devant toi. Mais je t'implore de ne pas croire pour autant que tu as tout le temps.
N'écoute pas ceux –et ils seront nombreux– qui te chanteront cette chanson.
Ne remets jamais au lendemain ce que tu peux faire aujourd'hui. Ne crois pas que les jeunes disposent de plus de temps que les autres.
C'est vrai dans l'absolu, mais l'absolu n'est pas une science exacte.

Ta grande sœur

Toi, comme de nombreux enfants d'aujourd'hui, avez des frères, des sœurs qui ne sont pas toujours nés du même père ou de la même mère.
Pour des raisons qui leur appartiennent, les parents ont choisi de « refaire leur vie », selon la formule consacrée.
Ce fut mon cas. Tu as une grande sœur, l'autre enfant chérie de ma vie.
Vos éducations, l'histoire de vos parents, les années qui vous séparent ne vous permettent pas de partager vos jeux et vos émois comme le feraient, peut-être, des sœurs d'un même foyer familial.
Qu'à partir des différences qui sont les vôtres, se construisent des liens indéfectibles, qu'elles ne soient jamais prétexte à... l'indifférence, à l'animosité, à la rivalité, ces travers obscurs et nuisibles que peuvent causer les aléas de votre filiation, à la fois singulière et commune, qu'ils ne viennent pas abîmer le tissu si précieux que peut être la relation fraternelle.
Entretenez une mutuelle affection, cultivez une complicité joyeuse et vraie, mêlez vos talents à vos élans pour bâtir et vous entraider.
Il le faudra.
Inspire-toi du formidable courage et de la ténacité dont ta sœur témoigne.
Appuie-toi sur elle pour braver les tourments et rebondir.
Inspire-toi de son goût du travail bien fait, et quand vous le jugerez opportun, riez ensemble de votre père !
Ce sera la preuve que, quoique demi-sœurs, vous êtes avant tout des sœurs.
Ne l'oubliez pas.
Ainsi soit-il.

L'énergie

L'énergie, c'est l'étincelle qui transcende nos actions.
L'énergie brûle en chacun de nous, elle est inépuisable, c'est la compagne de la volonté, autant dire qu'elle ne te laissera jamais en repos.
Pour ton plus grand bien !

L'agitation

Le tourbillon de la vie, comme une valse ininterrompue, enivre et détourne des choses simples.
Ce n'est pas en s'agitant, en courant après tout ce qui bouge, qu'on peut avoir de la réalité une image nette.
Parfois, en marquant un temps d'arrêt pour reprendre son souffle, on rattrape plus vite le temps perdu qu'en courant comme un dératé !

Les gains

Les seuls gains qui vaillent sont fruits du travail. Ceux qui tombent du ciel font un bruit étrange et s'évaporent comme l'eau au soleil.
Ce qui sépare bien des êtres, c'est que les uns ont foi en les vertus du travail tandis que d'autres ne prient que la chance. C'est là leur différence.
Et, au bout d'une vie riche en expérience, au soir des comptes, la preuve est évidente : seul le travail paie.
Si tu demandes au ciel qu'il t'apporte grande récolte, surtout, belle Prunelle, continue de labourer.

Les phraseurs

Il se trouvera sur ton chemin bien des bavards qui, pour briller à tes yeux, te conteront mille sornettes. S'il est doux d'entendre de jolis mots, encore faut-il, si tu veux ne pas le regretter par la suite, avoir à l'esprit que le moyen le plus sûr de ne pas te fourvoyer est d'être plus attentive à des propos, maladroits sans doute, mais plus sincères !
Rien ne trahit autant les jongleurs de mots que les mots usés qui ont tant servi...

Composer

Il y a peu d'erreurs qui soient impardonnables.
Il faut donc se montrer compréhensif, comme on attend des autres qu'ils le soient envers nous, en pareille circonstance.
Mais sois compréhensive sans être complaisante, car tu devras faire face, inévitablement, à des situations où il te faudra composer.
Pourtant, attention : à trop composer, on finit par se décomposer.

Les abus

N'abuse pas trop des bonnes choses, elles pourraient te causer plus de maux que de satisfactions réelles.
Quand tu fais un repas succulent, même si tu as encore faim, garde-toi de te resservir, une indigestion a vite fait de gâcher ton plaisir.
Pour être comblé, le goût n'a nul besoin de démesure.
Regarde aussi ceux qui ont fait fortune : ils n'en ont jamais assez.
Et, au lieu d'en jouir, ils s'acharnent à l'accroître, demeurant ainsi prisonniers de leurs biens !
L'excès produit des effets désastreux.
Aujourd'hui, je crois savoir qu'il faut tempérer ses envies pour mieux les savourer.

Rêves d'enfants

Il arrivera à Prunelle, comme à tous les enfants du monde, de croire que ses rêves sont à portée de main. Il serait criminel, pour les parents, de les en dissuader. Aucun de nos rêves ne s'évanouit à jamais.
Laissons donc nos enfants planter les banderilles de leur imaginaire au-delà de notre horizon, afin qu'ils ne soient pas enfermés dans l'étau trop étroit de l'apparente réalité.

Les pauvres

Les plus démunis, les pauvres, ceux à qui la fortune n'a pas souri ne manifestent aucune gêne quand ils croisent des riches que le destin a gâtés. Mais observe...
Lorsqu'un riche croise un malheureux qui demande l'aumône, il détourne la tête... comme gêné par cette misère à laquelle il a échappé. C'est cela aussi, plus que toute autre chose, qui différencie les riches... des plus pauvres.

L'autosatisfaction

Ne jamais être satisfait de soi est une preuve de lucidité et une garantie de progrès.
Se satisfaire d'un résultat si bon, si brillant soit-il, c'est, à coup sûr, se préparer à subir un échec.
On peut être content d'un travail bien fait, mais jamais de soi-même, si nous avons quelque considération et ambition pour notre personne.
L'autosatisfaction porte en elle l'autodestruction de l'homme.

Les mauvaises pensées

Parfois, de noires pensées hantent notre esprit en provoquant comme une douleur lancinante.

Pour les chasser et ne pas les mettre à exécution, il faut se dire qu'une mauvaise action, si elle assouvit sur le moment nos plus bas instincts, nous fera plus de mal que de bien par les remords qu'elle ne manquera pas de provoquer.

Il reste que ces mauvaises pensées doivent être exprimées. Exprimer nos ressentiments est bénéfique à notre équilibre.

Chagrin

Le chagrin ne se partage pas. Nul ne l'apaisera, sinon l'horloge du temps qui tourne plus vite qu'on ne le croit.

Quant au bonheur, il suffit, si tu veux te donner l'illusion qu'il est encore plus grand, d'en répandre quelques bribes autour de toi pour voir surgir les amis de la vingt-cinquième heure.

Mais, en vérité, le chagrin comme le bonheur n'ont pas besoin de compagnons. C'est ton jardin secret et non un parc ouvert à tous les vents.

Le hasard

Le hasard n'est jamais un hasard. Accorde de l'importance à tout ce qui te paraît en être le fruit.
Le pouvoir du hasard est immense et le méconnaître serait faire injure aux événements dont nous ne sommes pas maîtres et qui régissent notre vie... surtout quand, sous des formes si diverses, il se mêle d'attirer notre attention. Souvent en vain, hélas!

Le patrimoine

Quand on connaît un peu les choses de la vie, on prend avec plus de détachement les déconvenues et, surtout, l'accumulation des biens, si tant est que ce soit notre but.

Que sommes-nous sinon les locataires de nos propriétés et de nos richesses ?

Ne sont-ce pas elles qui nous possèdent, elles qui savent que d'autres, après nous, les posséderont ?

À qui appartenaient ces demeures, aujourd'hui nôtres ?

Demain à nos enfants et peut-être à vos enfants et, plus tard, si la chance continue à vous sourire, à vos petits-enfants !

À chacun, à chacune de vous, à vous, mes enfants, je vous demande de porter un regard ironique sur ces biens qu'il est bon d'acquérir... pour se rassurer.

De contribuer par le fruit de vos efforts à faire croître le patrimoine familial qui restera le témoignage de votre engagement, mais aussi de vos passions.

En gardant à l'esprit que l'homme n'est pas la tortue qui emmène sa maison sur son dos !

Précaution

Si tu veux t'épargner le risque de perdre la totalité de tes biens, n'en laisse jamais l'intégralité aux mains d'un seul banquier, fut-il le plus réputé.
Comme la petite souris bien avisée, tu conserveras toujours de quoi... grignoter, dans un autre coin, connu de toi seule!

Ne prête pas aux riches !

Ne prête pas à plus riche que toi, ou alors, prépare-toi à faire une croix sur ton prêt, car celui-là aura tendance à considérer que « l'honneur » qu'il te fait de recourir à toi vaut titre de remboursement !

Mais tu ne seras ni déçue ni volée si tu prêtes à un pauvre car, pauvre, il a pour seule fortune son honneur et son honnêteté.

Le seul risque que tu coures, c'est de perdre ton argent avec la satisfaction d'avoir aidé celui qui en avait besoin !

La chance

Si la chance te sourit, si tout ce que tu touches se transforme en or, n'en fais pas étalage, sauf à courir le risque de te faire plus d'ennemis que d'amis. Car rares sont ceux qui pardonnent à d'autres d'avoir la réussite après laquelle ils courent sans jamais l'obtenir.

Les rêves

Si tu ne caresses pas de grands rêves, tu ne feras pas de grandes choses.
En d'autres termes, l'amour, la gloire, la fortune ne vont qu'à ceux qui en rêvent.
Bien sûr, le rêve ne suffit pas... Mais, lorsqu'il est si fort, il te propulse et te permet d'atteindre ton but.
Je pourrais en dire autant des miracles.
Il y a ceux qui, pour y croire, ont besoin de les avoir vus.
Et puis il y a ceux, comme moi, qui y croient si fort que ce seul fait suffit à donner à leur vie une ampleur magnifique.
Les miracles ne doivent rien au hasard, ils n'apparaissent qu'à ceux qui le veulent et y croient.
Tout cela peut te paraître dérisoire car, autour de toi, dans un monde où la raison l'emporte sur l'imaginaire, les cartésiens sont légion.
C'est plus commode, plus confortable, mais nettement plus triste, tu sais...
Rêver, c'est s'exercer à porter ses yeux au-delà de l'horizon.
C'est aussi les fermer et voir plus loin que le bout de ton joli nez.
Le rêve, contrairement à une idée reçue, ne t'éloignera pas de la réalité, mais la rendra plus supportable... et plus accessible.

L'arrivisme

Ce n'est pas parce que l'on est arriviste que l'on est sûr d'arriver !
Celui-là met la charrue avant les bœufs, confond vitesse et précipitation, audace et sans-gêne, se hissant sur la pointe des pieds pour se donner l'air d'être plus grand qu'il ne l'est.
Il rit bien sûr plus fort que les autres, fait plus de bruit, mais sonne creux de l'intérieur.
On le reconnaît aux efforts qu'il déploie pour être vu aux côtés de personnes plus importantes que lui.
L'arriviste se donne tellement de mal qu'il serait presque charitable de l'aider.
Ce qui pourrait se concevoir, à condition de ne pas l'admettre dans son entourage !

L'impatience

Enfant, comme tous les petits, tu étais possessive et tu n'admettais ni refus, ni contrariété.
Tu étais confiante, tout amour et tendresse.
Il te faudra grandir et te montrer moins emportée pour composer avec la réalité qui t'entoure.
À prendre sur toi, à masquer, parfois, tes sentiments et tes ressentiments.
Malgré ces calculs, pour ne pas perdre ton âme, tu devras rire et ne jamais oublier que rien n'est plus précieux pour survivre dans un monde d'hypocrisie que de garder ton cœur d'enfant.

Les signes qui trahissent

Il est bon que tu saches que certains comportements en disent très long sur un homme. Un individu enclin à savourer les bonnes choses, ne saurait être un homme mauvais, surtout s'il en use modérément.
C'est une idée simple.
Observe plutôt.
Celui qui fume trop dissimule ses angoisses. Celui qui fait étalage de ses bonnes fortunes n'est pas digne de confiance, comme celui qui, pour se mettre en valeur, tente de se faire passer pour ce qu'il n'est pas.
Celui qui parle trop ne sait visiblement pas écouter, et ce n'est pas un moindre défaut si l'on est sûr de soi ; il n'est nul besoin de chercher à convaincre en monopolisant la parole.
L'habit, tu le sais, ne fait pas le moine, mais un homme de goût évitera de se faire remarquer par un accoutrement qui détonnerait dans certains endroits.
Tu te méfieras des hommes aux narines écartées, signe de vanité !
Tu t'éloigneras des femmes qui prétendent mener les hommes à la baguette, ce sont généralement celles qui sont passées de main en main et dont aucun n'a vraiment voulu.
Les hommes qui se parfument, comme ceux qui exposent leur argenterie, bracelets, bibelots, montres et bagues trop voyantes, sont à ranger au rang des accessoires. Ils sont amusants, sans doute pour un soir, mais dépourvus du moindre intérêt.
Ceux qui font briller leur savoir, exposent leur argent, font vrombir le moteur de leur voiture et qui parlent

…/…

.../...

trop fort, partout où ils se trouvent, tentent de se faire remarquer, à défaut d'avoir été reconnus.

Mais c'est souvent à table que se détectent les failles ou les vertus de nos invités. De l'ascète comme du goinfre, il faut s'écarter.

Découragement

Quand le découragement s'empare de toi, comme il s'est emparé de chacun de nous, à un moment de notre existence, il ne faut pas céder et se laisser aller.
C'est un nuage noir qui éclatera puis, après l'orage, ce sera l'éclaircie lumineuse et tu retrouveras, comme par enchantement, le goût du défi, celui de relever le gant.
Un champion ne se décourage jamais; il sait qu'en tenant bon, la victoire finira par lui sourire.

Vérités bonnes à entendre

Les vérités les plus pénibles à entendre sont celles qui nous concernent.
Il nous arrive de faire la sourde oreille pour retarder le moment de les apprendre.
Pourtant, ce sont celles qu'on a le plus intérêt à connaître, pour en tirer des leçons ou éviter qu'elles ne produisent davantage de dégâts.
Quand le robinet coule, il faut vite le fermer afin d'éviter une inondation !

Des défauts

Chaque être, si fort soit-il, a son ou ses défauts. C'est l'un des attributs de notre singularité !
La grande habileté consisterait à ne point les cacher, à en prendre son parti pour mieux les mettre en... valeur.
Tant et si bien qu'ils désarmeront ton interlocuteur qui considérera cela comme la marque d'une intelligence supérieure.

La mémoire

C'est grave erreur, dit-on, de croire que la mémoire compense une faible intelligence.

La mémoire est la gardienne de nos expériences, le moteur d'un esprit en éveil et permet d'affûter nos jugements.

Quand elle s'étiole, faute d'avoir été mise à contribution, elle annonce le renoncement. C'est en la cultivant, en la soumettant à l'exercice, qu'on redécouvre les extraordinaires connaissances accumulées en nous !

Lire sur le visage

Le visage et la voix sont les images visibles et audibles de notre âme. Si tu observes bien qui te parle, tu liras à livre ouvert au plus profond de son être car le visage et la voix, quels que soient le maquillage et les trucages, nous trahissent inévitablement.

L'imposteur

L'imposteur a naturellement une piètre opinion des gens qu'il a dupés.
C'est pour cela qu'il se croit invulnérable.
Mais son masque, comme un maquillage que le temps a ravagé, finira par tomber et sa chute n'en sera que plus fracassante.

Ne pas désespérer

Il arrivera qu'une porte se ferme à ton nez. Sois patiente, une autre ne tardera pas à s'ouvrir. C'est lorsqu'on n'y croit plus que surgissent des ouvertures qui, faute d'y avoir songé, s'avèrent miraculeuses !

Méfiance

La méfiance est nécessaire, à condition de ne pas la pousser à l'extrême, sinon elle affadirait ton jugement. Mais c'est quand la crainte n'est plus en éveil, qu'il arrive ce qui était à craindre. Tous les chats, s'ils pouvaient parler, te confirmeraient volontiers ce que je te dis...

L'ascendant

Il faut savoir ne pas trop tirer avantage de l'ascendant pris sur ton interlocuteur et ne pas oublier de lui laisser la satisfaction de sortir gagnant d'un échange, surtout si cela ne risque pas d'avoir des conséquences néfastes pour le but que tu poursuis !

À trop vouloir avoir raison, on risque d'humilier, et une confrontation, qui pourrait tourner en ta faveur, se retournerait contre toi.

On ne pardonne pas à celui, ou à celle, qui veut à tout prix imposer son point de vue !

Douleurs de l'âme

Les douleurs de l'âme sont parfois plus insupportables que celles du corps. Il existe un moyen bien simpliste, le temps d'une longue marche, de les éloigner de ton esprit. En mettant un caillou dans tes chaussures, comme le disait ton arrière grand-père. Ton inconfort sera si grand que tu ne penseras à rien d'autre, je te l'assure.

La volonté

Comment acquiert-on la volonté ?
En refusant la fatalité, en décidant qu'aucune défaite n'est inéluctable.
En la mettant à l'épreuve fréquemment.
En t'obligeant à faire le devoir que tu n'as pas envie de faire.
Et si, peu à peu, tu apprivoises la volonté, elle répondra à ton moindre appel et te sera, tout au long de ton existence, une alliée fidèle qui te donnera souvent l'avantage sur ceux qui en manquent.

Plaisirs défendus

À fréquenter, même accidentellement, le vice, on devient sa proie.
Le vice promet démons et merveilles et entraîne ses victimes dans des abîmes dont elles ne remontent qu'à grand peine.
Il n'est point nécessaire d'être vertueux pour échapper à ses maléfices et ses tentations.
Avoir à l'esprit que le Mal, pour séduire, offre toujours une entrée gratuite à la première séance.

Le dilettantisme

Même si la vie t'est douce, ne te laisse pas aller au dilettantisme.
Ne prends pas à la légère le travail qui te sera confié.
N'accorde au farniente que le juste temps nécessaire au repos. Ne relâche ni ton attention ni ton ambition.
Le dilettantisme, comme la paresse, ont un point commun : celui d'affaiblir celui ou celle qui s'y abandonne.

La petite souris

Si je te dis qu'aucune souris ne confie sa destinée à un seul trou, tu voudras, en fouinant dans tous les coins, t'assurer que je dis vrai !
Fais-moi le plaisir de méditer cette petite pensée !

L'enseignement

Les maîtres t'enseigneront la grammaire, les mathématiques, la chimie et, sans doute, bien d'autres sciences. Mais c'est toi qui accumuleras l'essentiel de ton savoir. En parcourant un pays, on apprend mieux la géographie que dans les livres.
Entre la théorie et la pratique, il y un monde, celui de la réalité.
C'est celui-là que tu dois privilégier.
Au contact des gens, tu en sauras plus sur leurs problèmes et leurs aspirations qu'en assistant à des conférences longues et ennuyeuses.
Je veux dire qu'il n'y aura, pour toi, pas de meilleur maître que toi-même, si tu portes un regard curieux sur le monde qui t'entoure.

Tout l'or du monde

Ce ne sont ni les princes qui nous gouvernent ni les philosophes qui guident notre vie... mais nous-mêmes.
C'est une erreur d'attendre du destin un signe pour trouver notre voie.
Les hommes ont, de tout temps, par tous les temps, cherché fortune en parcourant le monde.
Sache, mon enfant, que tout l'or du monde est en toi comme en chacun de nous.
Il faut creuser, chercher au plus profond de soi et tu trouveras en toi les ressources insoupçonnées qui feront, sinon ta fortune, du moins ton bonheur.

L'amitié

L'amitié entre deux êtres impose une exigeance réciproque.
Tu ne peux considérer comme ami celui ou celle à qui tu ne pourrais te confier de crainte d'être trahie.
Mais tu le seras forcément et c'est grâce à ces premières petites trahisons que tu pourras, au fil des années, nouer des liens plus solides.
L'amitié est un noble sentiment qui repose sur une confiance et des affinités communes.
Il existe des amitiés qui durent une vie, d'autres, comme le cristal, qui volent en éclats au premier choc.
À quoi reconnaît-on un véritable ami ?
Les anciens te diront : « à l'épreuve du temps ».
D'autres, moins prudents, t'affirmeront que l'amitié peut être ressentie comme un coup de foudre « instantané ».
Il y a, dans les amitiés sincères, maintes occasions de rompre.
La susceptibilité, notamment, est souvent le prétexte à des blessures qui se cicatrisent mal.
Pourtant à l'ami on doit pouvoir parler, si c'est dans son intérêt, sans précaution.
Mais nul n'est à même de donner des leçons.
Avec l'ami, on partage le pain et le beurre, mais si, dans ce partage, c'est toujours le même qui prend le beurre c'est que ton ami n'en est pas vraiment un...

L'honnêteté

Dans un siècle où l'âpreté au gain conduit à prendre des libertés coupables, n'oublie jamais que l'honnêteté doit être pour toi un pilier inébranlable. Ne pas tricher avec toi-même t'assurera de ne pas tricher avec les autres.

Et si, en toute circonstance, tu tiens tes engagements, quoi qu'il puisse en coûter parfois, ne le regrette pas. Tu en tireras plus de bénéfice, à long terme.

Celui qui agit malhonnêtement ne remporte qu'une victoire éphémère. Il sera inévitablement poursuivi par l'acte qu'il aura commis.

L'ascension est plus courte pour qui s'engage d'un pas ferme ; elle est interminable pour qui court en boitant !

Lâcheté

Il m'en coûte de le dire, mais tu dois savoir que les hommes, disons presque tous les hommes, sont lâches. Lâches en amour.

Le courage en amour, seules les femmes le possèdent naturellement. Quand une femme a cessé d'aimer, elle peut, en une fraction de seconde, tirer un trait sur son passé sans se retourner.

L'homme, dans la même situation, utilisera mille ruses, mille excuses et, pour s'en tirer sans remords, fera en sorte de laisser à sa compagne le soin de rompre !

Ainsi agissent ces hommes qui, sur d'autres champs de bataille, deviennent parfois des héros... malgré eux !

Mais, rassure-toi, il y a toujours des exceptions à la règle.

Et ce n'est pas ta mère, je pense, qui te dira le contraire !

La courtoisie

Il est d'autant plus agréable de rencontrer des gens courtois qu'on ne pratique pas soi-même cet art de vivre.
C'est pour ne pas avoir excellé dans cette discipline que je m'autorise à en reconnaître les avantages.
Certes, il ne faut pas tomber dans l'onctuosité ni la déférence, qui paraîtront comme de la moquerie ou de l'insolence, mais accorde à chacun l'attention et les attentions dont nous-mêmes aimons être l'objet.
Si tu reçois des invités, fasse qu'ils se sentent aussi à l'aise que chez eux.
Vante leurs mérites, écoute-les raconter leurs histoires et ne ménage pas tes rires !
Applaudis à leurs bons mots.
Politesse et courtoisie sont aujourd'hui des valeurs surannées mais, à les pratiquer avec simplicité, elles conduisent au respect de l'autre.
Je sais que l'éducation donnée par ta mère t'a bien préparée, mais il ne faudrait pas que mes manières cavalières te détournent d'un chemin pavé de si bonnes intentions !

Égalité, inégalité

Il est habituel d'entendre dire que tous les êtres sont égaux.
C'est, hélas ! un pieux mensonge.
Certains êtres sont, tu le sais, dès leur naissance, plus égaux que d'autres.
L'égalité est une vision sociale plutôt démagogique, parce qu'elle se heurte au mur de la réalité.
Quand on a la chance d'être mieux traité par la vie, on se doit d'être moins égoïste que les autres.
Quand on profite des bonnes choses, il est agréable d'en faire profiter ceux qui n'ont pas ce privilège. Mais tu ne rétabliras pas pour autant un équilibre que le destin a voulu différent.
C'est parce que chacun n'a pas choisi son destin qu'il ne faut pas tirer vanité à être mieux traitée.
C'est un don et, à ce titre, tu ne dois jamais oublier que ce qui t'a été donné peut t'être repris.
Profites-en, ménage ta monture, ne crois pas que les trésors et les bienfaits soient inépuisables.
Il faut en user avec modération, pour en goûter les fruits, et ne pas imiter les sots qui se repaissent comme des goinfres et affichent cette mine blasée qui est une injure envers ceux qui ont si peu.

Ne pas se disperser

Il est inévitable, au cours d'une vie, de brasser mille idées différentes, de passer de l'une à l'autre sans ménager son énergie et d'aller ainsi de désillusion en désillusion.
Voici un secret que je te confie pour en faire bon usage : ne te disperse pas.
Accorde ton temps, ta réflexion et ta détermination à une cause, et uniquement à cette cause.
Rien ne t'empêche d'avoir l'esprit aux aguets pour être prompte à réagir si une idée lumineuse traverse ton ciel.
Mais ne commet pas l'erreur de croire que tu peux tout faire avec passion et réussir dans tous les domaines.
En suivant ce conseil, les chances du succès seront davantage de ton côté.

Jouir de la vie

Ni la fortune ni la gloire ni la beauté ne sont éternelles. Il faut en jouir en songeant que, demain, ces dons du ciel pourront t'être ôtés aussi facilement qu'ils t'ont été offerts.
Ce n'est pas parce qu'une chose est évidente qu'il ne faut pas la garder à l'esprit.

La médisance (2)

La médisance te fera forcément souffrir.
Qui médit de toi en secret, se méfie de toi.
Mais qui te couvre de louanges devant toi, te méprise.
Les flatteurs ont l'esprit vil et tiennent pour plus vil qu'eux quiconque accepte leurs compliments sans broncher.
Tu dois faire la sourde oreille, car rien n'est plus néfaste que prendre pour argent comptant ces mots bien troussés.
Tout ce qui brille trop aveugle les envieux.
Il y aura toujours, en embuscade derrière un buisson, un ennemi inconnu de toi, armé d'un arc et d'une flèche... empoisonnée.
Sois en toute circonstance ton propre procureur, ce qui t'évitera d'être jugée sévèrement.

L'ingratitude

Si, d'une bonne action tu n'attends aucun remerciement, tu n'auras pas à te plaindre de l'ingratitude. Et, quand un merci te sera offert, ou de la reconnaissance manifestée, tu ne l'apprécieras que davantage. Un seul de ces mercis suffit à effacer tous les oublis. C'est pour cela que tu t'obligeras à manifester ta gratitude à ceux qui t'auront rendu un service, si minime soit-il.

La honte

Il n'y a pas de honte à perdre ou à échouer.
La honte, la seule qui puisse nous faire honte, est d'être inférieur à nous-même.
Mais si, sans chicaner, tu jettes toute ton énergie, si tu as mis tout ton cœur dans ce que tu entreprends, et que la chance, les événements ou un mauvais calcul te privent du succès, il n'y a pas de quoi désespérer.
Et si, avec courage, tu te remets à l'ouvrage, ayant pris en compte les raisons de ton échec, tu seras doublement gratifiée par la victoire sur l'adversité et par celle sur toi-même.
Qui n'a goûté l'amertume d'une défaite ne peut apprécier le miel de la victoire !

Refuser

Savoir refuser est un art dans lequel il faut exceller. Mais il exige conviction et diplomatie pour n'être ni catégorique, ni humiliant...
Cependant, si tu préfères ne pas t'embarrasser de ces précautions dilatoires, devance les demandes qui peuvent t'être faites.
Accorde ce qui te paraît acceptable et tu seras surprise que ton offre, même inférieure à celle espérée, t'épargnera cette confrontation si désagréable où faute d'avoir pris les devants, il te faudra dire « non ». Et ne plus transiger.

La flatterie

Etre poli ne coûte rien.
La flatterie est une devise qui enrichit celui qui la dispense et fait de la personne flattée son débiteur.
Son maniement est humiliant, pour celui qui en abuse, et désobligeant, pour la personne en cause. Mieux vaut ne pas appuyer un compliment si l'on veut qu'il soit bien perçu !
Mais toute flatterie excessive se retourne immanquablement contre le flagorneur.

Toujours espérer

Ne crois pas que la tristesse, sous son voile romantique, soit une noble compagne. Ouvre ton cœur à l'espoir et à l'espérance.
Si tu célèbres la vie comme un don qui t'est fait, et non comme un devoir auquel tu es contrainte de te soumettre, d'un pas allègre tu marcheras droit devant toi.

Surveille-toi

En toute circonstance, comporte-toi comme si les murs avaient des yeux et des oreilles.
Agissant de cette manière, tu seras à l'abri des langues vipérines car, en ayant à l'esprit que tu es épiée, tu ne pourras agir que dans la dignité.
C'est pourquoi, veille à ce que, en toute occasion, tes paroles et tes actes soient frappés du sceau de la sincérité et de l'intégrité.

Encore l'amour

Il arrive que les plus belles histoires d'amour aient une fin. Quelques signes imperceptibles auxquels ni l'un ni l'autre ne prête attention sont annonciateurs d'une prochaine rupture...
Quand l'un des deux, par exemple, manifeste une impatience trop vive.
Quand l'amour est là, la patience et la compréhension doivent être réciproques. Mais, si les caprices de l'un prennent la plus grande place, alors le rideau est tiré et se jouera le dernier acte. Celui de la rupture.
Quand on s'irrite des petits défauts, qui paraissaient bien anodins au temps des ritournelles, c'est que l'amour n'était pas de l'amour mais un jeu.

Conseils (3)

Ne dis jamais tout ce que tu sais.
Ne crois pas tout ce qu'on te raconte.
Ne fais pas à moitié ce que tu as entrepris.
N'attends pas de celui à qui tu auras rendu service une reconnaissance éternelle.
Si c'est le cas, fais-le sans espoir de retour : parfois, il t'arrivera d'être agréablement surprise.
Apprends à maîtriser ta spontanéité, et à ne pas confier ton opinion au premier venu.
Enfin, organise-toi pour que tu puisses, de chaque journée, tirer une satisfaction.
Et la meilleure, je crois, est de ne rien laisser derrière toi que tu aurais pu faire.

Tu as l'éternité devant toi

Ne te retourne pas sur les erreurs passées, tu en commettras d'autres, c'est le lot de tous les humains.
Avance sans redouter l'échec.
Quoi que nous fassions, nous progressons et, si nous trébuchons, nous progressons quand même.
Vois loin.
Donne-toi l'éternité devant toi ; ainsi, tu agiras avec plus d'espace, de confiance et de sérénité...
Mais que cette sérénité ne t'incite pas à ne pas traiter dans l'urgence toutes les affaires courantes !

L'autosatisfaction

On ne doit pas tirer gloire de ce que l'on fait.
Si ton action s'est avérée concluante, laisse le soin à d'autres de le reconnaître.
L'autosatisfaction est destructrice, il suffit d'avoir la satisfaction d'un travail bien fait pour être récompensé !

Écoute ton cœur

Écoute les conseils des uns et des autres... Même s'ils paraissent se répéter, ils enrichiront ta réflexion.
Le jour où tu seras mère, tout le monde, autour de toi, voudra te dire comment élever ton bébé et te guider dans son éducation.
Prête-moi attention... N'écoute alors que ton cœur qui sera ton meilleur guide : le cœur d'une mère ne saurait mentir.

Ne te justifie pas

Il faut, pour supporter l'injustice, être très affaibli ou être soi-même très injuste.
Ce qui ne sera pas ton cas, je l'espère.
Au cours de la vie, tu seras plus d'une fois confrontée à elle.
Soit parce qu'elle te touchera, soit qu'elle frappera tes proches.
Et, à juste raison, tu seras révoltée.
Comment se défendre, face aux rumeurs, à la mauvaise foi, aux coups bas ?
Il n'y a pas de recette magique sauf, écoute-moi bien, à opposer à tes adversaires une sérénité de marbre.
Fût-elle de façade.
Tu éviteras la polémique qui ne ferait qu'enflammer une étincelle.
Ne cherche pas, surtout, à te justifier car il n'appartient pas aux victimes de démontrer leur innocence.
Tu souffriras un temps, en silence, sans te laisser abattre, car c'est quand le vent souffle fort qu'il faut marcher d'un pas ferme.
Mais le jour de la revanche viendra. Inévitablement, les mauvais coups finissent par se retourner contre leurs auteurs.

Les pièges

Nous ne marchons pas sur un tapis rouge ; il te sera plus souvent tiré sous les pieds que déroulé devant toi.
Plus tu graviras des marches, et plus des pièges te seront tendus pour te faire chuter.
Pour les déjouer, apprends à les tendre à ton tour, non pour en faire mauvais usage – ce n'est pas dans ta nature –, mais pour mieux les éviter.

Ne pas s'assoupir

C'est quand on croit tout danger écarté qu'il s'avère le plus menaçant.
Je ne te dis pas qu'il faut dormir seulement d'un œil, mais reste vigilante.
Le plus sûr moyen de tenir le danger en respect est de ne pas ignorer qu'il pousse comme de la mauvaise herbe !

Les conflits

Le meilleur moyen de résoudre un conflit naissant est, d'abord, d'éviter d'avoir recours aux hommes de loi.
Toute procédure, en général longue et coûteuse, tend à compliquer, voir à envenimer les situations.
Apprendre à négocier consiste, par concessions mutuelles, à rapprocher les points de vue et permet de définir ce que l'on veut.
Si tu veux aller vite, alors cède un peu plus.
Car, si tu estimes devoir faire cet effort, c'est que ton intérêt le dicte.

La célébration

Notre société honore les hommes à l'aune de leurs fortunes réelles ou supposées. Elle célèbre les cabots, les faiseurs, les imposteurs, cajole les puissants et applaudit le talent, une fois qu'il a été labellisé par le « comité des élites » qui fait et défait les gloires naissantes !

Mais je te rassure, il est inutile de se livrer à la gymnastique humiliante des bassesses et des courbettes, car il est des parcours solitaires qui apportent plus de joies intimes qu'une célébration officielle.

Ne dit-on pas qu'un artiste vivant, exposé dans un musée, est un artiste mort ?

Achever ce que l'on entreprend

Je voudrais souligner en passant que l'ébauche, l'esquisse, l'inachevé ne sont rien et que le risque est grand de ne jamais terminer ce que l'on entreprend, sous prétexte que des tâches plus urgentes nous appellent.
Soit encore que l'on prétende laisser le temps pour nous éclairer davantage !
C'est un défaut commun à beaucoup que de ne point achever ce qui a été commencé. On perd plus de temps à revenir sur un devoir inachevé qu'il n'en aurait nécessité si l'on avait pris la peine de le mener à bien.

Les adversaires

Tout adversaire mérite considération. On doit même se louer d'en avoir et presque les chouchouter. Grâce à eux, notre ténacité peut s'exercer et même se développer. Ils nous permettent de renforcer notre conviction. Que vaudraient nos victoires si elles étaient remportées sans opposition ?
L'adversaire a ce mérite sans prix de nous ouvrir les yeux et de nous contraindre à nous surpasser.
Sans lui, nous nous affaiblirons et c'est pour cela que je t'enjoins d'en prendre le plus grand soin !

Les aléas de la vie

Nous sommes des funambules sur un fil, même lorsque nous croyons marcher sur la terre ferme.
Si tu as cette image à l'esprit, tu ne perdras jamais ton équilibre.

L'amertume

Les gens amers ne sont pas de bon conseil : trop de déceptions ont glacé leur cœur et leur vision du monde est le miroir de leur âme.
Écarte-toi d'eux.
Évite de leur confier tes projets ou tes joies. Ils pourraient te décourager en attirant ton attention sur des difficultés qui, pour eux, seraient insurmontables et qui ne le sont pas pour toi.
L'amertume fausse le jugement chez certains qui la cultivent avec délectation.

L'audace

C'est l'audace qui force le triomphe, c'est l'audace aussi qui précipite la chute. Mais, sans audace, il n'y a pas de grande victoire possible à espérer, et ces victoires, conquises de la sorte, sont si belles qu'elles nous font oublier toutes les fois où trop d'audace nous a poussé à la faute.

L'avenir

Veux-tu que je te dise ce que je pense de l'avenir ?
L'avenir est toujours derrière nous.
L'avenir, c'est le temps présent qui, une seconde plus tard, est déjà du passé.
Ne souris pas, veux-tu ?
En fait, l'avenir appartient aux velléitaires, qui repoussent toujours à demain ce qu'ils auraient dû et pu faire aujourd'hui.
Il faut être bien inconscient pour ne pas prendre le présent à bras-le-corps.

Dire du bien

Mords-toi la langue, plutôt que de dire du mal d'autrui, et efforce-toi, au contraire, d'en dire tout le bien possible, même si tu n'en penses pas moins ! Car, même si leurs lacunes sont criantes, il ne t'appartient pas de les décrier.

À quoi bon relever ce qui est évident, sinon ajouter à tes détracteurs ou à tes ennemis, d'autres qui ne te pardonneront pas ta franchise gratuite.

Le caractère

Une fortune peut s'effriter, s'effondrer, être dilapidée. Un homme au caractère bien trempé est inaltérable, inviolable, il résiste aux malheurs et permet de reconstruire avec l'énergie des premiers jours.
Le caractère, c'est la colonne vertébrale de l'homme. Pour lui donner la force de l'airain, tu dois t'astreindre à faire plus que tu ne dois, à courir plus longtemps que tu ne le peux, à rejeter la facilité, cette menteuse qui nous fait oublier que rien de solide ne se construit sans efforts.
Si tu cultives en toi cette ressource, ce sera alors un trésor inépuisable qui te permettra de faire face avec cran à toutes les vicissitudes de la vie.

Honneur et courage

Crois-moi, quand je te dis que la perte d'argent est une perte légère, que la perte de l'honneur est une grosse perte et que la perte du courage est irréparable.
Sans courage, tu ne peux rien espérer, ni entreprendre.
Et sans honneur, tu perds tout crédit.
Quant à l'argent, qui va et vient, vois combien d'hommes ruinés ont pu, grâce à leur courage et leur ténacité, refaire fortune et, parfois même, en réaliser une plus grosse que celle qu'ils avaient perdue !

Les honneurs

Ne pas courir après les honneurs car le prix de la vanité est élevé et, pour plaire aux puissants du jour, il faut faire assaut de courtisanerie et applaudir à leurs fantaisies. Ce serait choisir de s'élever en rampant, une position bien dégradante pour qui veut aller loin sans être soumis aux caprices des princes.

La confiance

S'il est vrai que, d'un premier coup d'œil, on peut avoir d'un homme une idée de ce qu'il est, rien ne serait plus faux et dangereux que d'imaginer qu'on en a fait le tour. Il y a en tout être plusieurs facettes et les plus apparentes ne sont pas les plus révélatrices.
Avant d'accorder ta confiance, qui ne doit en aucun cas être totale, mieux vaut prendre le risque, minime, de confier quelques menus secrets afin de voir s'ils seront galvaudés ! C'est sans doute un peu cynique, mais c'est au prix d'un tel subterfuge que tu pourras t'assurer de la loyauté de ton interlocuteur.

Conquérir

N'attends pas du Destin qu'il te prenne par la main. Pour jouer avec le ballon que l'on t'envoie, il faut à ton tour le lancer, n'est-ce pas ? Il en est de même, dans la vie, pour toutes choses.

N'attends pas que les fruits arrivent sur la table, il faut aller les cueillir. Ce que tu veux, il te faut le conquérir, c'est le plus sûr moyen de l'obtenir.

Les critiques

Le désir de reconnaissance nous pousse imprudemment à nous mettre en avant. À vouloir occuper le devant de la scène, il faut se préparer à admettre les critiques et ne point trop souffrir des attaques les plus basses. Ce sont souvent des griffures qui laissent des traces.

Mais le destin, parfois, nous met en scène sans que nous le souhaitions. S'il en est ainsi, ne te plains pas car toutes les voies que nous empruntons ne sont pas pavées des meilleures intentions et tu devras, pour te protéger, te dire que c'est l'écot payé à la... célébrité... fût-elle passagère !

Les devoirs

Parmi les tâches que tu auras à accomplir, il y en aura de faciles que tu auras tendance à délaisser ou à repousser. Si tu veux bien m'écouter, n'en fais rien. Attache-toi, au contraire, à accomplir ce devoir avec la même attention qu'on accorde à une tâche difficile. C'est souvent les petites choses que l'on néglige qui engendrent de gros problèmes.

Une fois ces « affaires courantes » réglées comme il convient, tu pourras consacrer le temps nécessaire à résoudre les « affaires urgentes » !

Donner

N'attends pas, en retour de tes élans de générosité, quelque gratitude.
Si tel est le cas, mieux vaut ne rien donner. Mais si tu donnes, oublie que tu as donné. Et si, par inadvertance, tu devais te glorifier de ton geste, soit tu manquerais d'élégance, soit tu t'exposerais à faire de ton obligé un ennemi qui ne te pardonnerait pas de l'avoir aidé !

Les bassesses

L'argent, le pouvoir et la course aux honneurs font commettre aux hommes les pires folies et d'indignes bassesses. Pour les obtenir, beaucoup sont prêts à se compromettre, à ourdir des machinations et à sombrer dans la prévarication. Ce sont, généralement, les mêmes qui se croient autorisés à donner des leçons de morale.

On les reconnaît facilement. Ils sont sûrs d'eux, dominateurs, pédants, mais très vulnérables ! Car ce qui est obtenu par le fait du prince ne trompe personne.

Il ne suffit pas de bomber le torse et d'exhiber des médailles, de faire état de ses relations pour susciter l'estime de son prochain.

Ces gens-là, je te le jure, ne peuvent pas se permettre de dire « non », car ils ne sont pas des hommes libres !

Rester étranger à ses problèmes

Il arrive, parfois, que les problèmes nous écrasent, tant ils paraissent insolubles. Nous avons beau les retourner dans tous les sens. C'est le trou noir.

Mais, si tu veux te donner une chance de les résoudre, oublie qu'ils te concernent. Efforce-toi d'imaginer qu'ils sont le fardeau d'un autre. Tu t'apercevras alors avec stupéfaction que des solutions surgissent, auxquelles tu n'avais pas pensé.

Dans certaines épreuves, il faut prendre de la distance pour aiguiser ta lucidité.

Agis en étrangère à tes propres problèmes et la lumière jaillira.

Les dons (1)

Dieu dote parfois de dons multiples certains de ses élus. Mais il n'est pas sûr que ce soit pour leur plus grand bien, faute pour eux d'en faire meilleur usage.
Passant avec une extrême facilité d'un sujet à l'autre, ils parviennent rarement à s'investir complètement dans l'un d'entre eux. Et c'est ainsi qu'ils dilapident leurs nombreux talents, au lieu de concentrer leurs efforts sur un seul sujet qui aurait, à coup, sûr assuré leur réussite.
Si Dieu te donne tant de cordes à ton arc, c'est pour que, parmi elles, tu choisisses, sans te tromper, celle qui te convient le mieux.
À vouloir toucher à tout, on finit par ne rien mener à son terme.

Se surpasser

Nous pouvons faire beaucoup plus que nous faisons.
Nous valons davantage que nous le croyons.
Faute d'avoir su ou voulu être rigoureux avec soi-même, nous ne pouvons rien exiger des autres.
Chacun de nous a le pouvoir de tirer le meilleur parti de lui-même.
Si doué qu'il soit, un pur sang ne galope jamais aussi vite que sous la cravache de son cavalier.
Alors, cravache-toi !

Le destin

Le destin entraîne les hommes vers deux voies.
Soit ils sont contraints à n'être que les spectateurs passifs de leur destinée. Soit ils choisissent d'en devenir les acteurs.
Mais il faut, pour changer de cap, puiser dans les tréfonds de la volonté afin de trouver les forces qui les ressourceront !

Faire, faire croire

Il y a ceux qui sont et ceux qui font croire qu'ils sont.
Il y a ceux qui font et ceux qui font croire qu'ils font.
Il y a ceux qui font sérieusement ce qu'ils font et ceux qui se prennent au sérieux.
Tu auras compris que les uns sont fréquentables et les autres à éviter.
Et si tu croises un imposteur, ce qui sera inévitable parce qu'ils sont légion, tu l'identifieras aisément à sa manière bruyante de manifester sa présence, de crainte de n'être pas remarqué.

Honorer sa fonction

On ne doit pas tirer honneur de la fonction que l'on occupe, mais l'honorer par un dévouement qui en soit digne. C'est au prix de ce sacrifice, qu'en cas de retournement de situation, tu seras jugée non sur la place que tu occupais mais sur la manière dont tu la servais.

Rester humble

Il est un défaut commun à nous tous qui consiste à prendre autrui pour plus sot que soi.
Évite ce penchant désastreux qui ne t'apporterait que désagréments et rancunes.
L'intelligence consiste, au contraire, à considérer autrui comme plus intelligent que soi. En agissant de la sorte, c'est toi qui passera pour plus intelligente, simplement parce que tu auras su te faire plus petite. Sois humble et, plus encore, sois humble avec plus modeste que toi !

Les bonnes idées

Les bonnes idées, celles qui font leur chemin et atteignent leur but, n'ont pas besoin d'être explicitées. Plus elles sont simples et plus elles ont de chance d'aboutir. Il en est de même de la Vérité, si évidente, que nul n'ose la mettre en doute !

La jeunesse

La jeunesse doit être impatiente, impulsive, gourmande et ambitieuse. Rien n'est plus désolant qu'une jeunesse sage, qui passe son temps à attendre que l'avenir décide pour elle...
Attendre on ne sait quoi pour faire n'importe quoi.
Il vaut mieux courir le risque de la gâcher, comme disent les grandes personnes, avec des tentatives successives qui seront peut-être sanctionnées par des échecs, que de ne rien tenter.
La jeunesse n'est pas une excuse suffisante pour attendre que le temps en estompe les excès.
Elle est un atout fragile qui s'use si l'on ne s'en sert pas.
Le plus mauvais conseil que l'on puisse donner à un jeune est de lui recommander d'être sage et patient. Laissons-le galoper tel un cheval fou, exprimer sa fougue même s'il risque de buter sur quelqu'obstacle.
De cette chevauchée, il conservera, tout au long de sa vie, cet allant sans lequel il est impossible d'envisager et d'entreprendre de belles et grandes choses!

Le mérite

Ne te glorifie jamais de tes mérites ; laisse à d'autres, éventuellement, le soin de le faire !
L'une de nos faiblesses est d'avoir tendance à être facilement satisfait de nous-même ; c'est un piège dans lequel on tombe ingénument.
Le vrai mérite exige silence et discrétion.
De cela nous pouvons être fiers.

L'oisiveté

Il faut se garder de l'indolence et de la nonchalance. Chacun de nous a le besoin vital de se rendre utile, d'accomplir un travail, et ceux qui, par paresse, et surtout par détresse, se retrouvent sans occupation, sombrent dans la mélancolie et l'autodestruction.
L'oisiveté est un fardeau insupportable dont le poids ne cesse de croître au fil des jours.

L'opinion publique

Rien n'est plus trompeur que l'opinion publique, derrière laquelle s'abritent les dirigeants politiques pour gouverner à moindre risque.

L'opinion publique est bonne fille, mais elle se cabre si l'on veut changer ses habitudes. C'est pour ne pas oser la bousculer que certains pays régressent, car il faut du courage pour se rendre impopulaire, et être patient afin qu'avec le temps, l'opinion se retourne et chante vos louanges. Il en est ainsi dans tous les domaines de notre vie en société.

Apprendre, puis oublier

Apprends, apprends beaucoup, et oublie ce que tu auras appris afin de ne pas imiter ces fats que l'on convie pour faire la roue, et qui, forts de leur savoir, sont incapables d'avoir la moindre idée à eux !
Si tu veux que ta personnalité s'affirme, sans être une mosaïque de morceaux choisis, ne prends pas pour argent comptant ce que tu lis, et ne retiens, même de ces écrits, que ceux qui trouveront un écho en toi.
Il n'est d'intelligence que là où le cœur comprend...

Pardonner

Pardonne aux ingrats de l'être. Pardonne les erreurs involontaires. Pardonne et tu ne te tromperas pas. Mais ne pardonne pas à celui qui t'aura blessée, à celui qui, pour t'atteindre et t'affaiblir, cherchera à t'humilier.
Cependant, promets-moi de ne pas te venger.
Laisse le temps effacer les outrages pour ne pas noircir ton cœur et ne ruine pas ton énergie en ruminant ta rancœur.
Seules, les personnes très aigries trouvent dans la rancune des raisons d'exister.

La rébellion

Il arrivera ce jour où tu te rebelleras contre l'injustice, l'ordre établi, tes parents.
C'est dans la nature des choses et ce sera la preuve d'une vitalité et d'une indépendance d'esprit dont tu tireras profit.
C'est une chance aussi parce que peu d'êtres humains ont les moyens, le courage ou, tout simplement, le besoin de le manifester.
Si tu gardes en toi cette flamme, tu ne resteras jamais insensible aux misères du monde.

La fatalité

Ni maître du temps, ni maître des éléments naturels, à quoi bon prendre le ciel à témoin ?
Attends.
Le temps, qui manifeste sa colère, deviendra bientôt si clément que tu n'auras pas assez de mots pour en louer les bienfaits.

La peur

Qui a peur n'est pas forcément un lâche. La peur a souvent transformé des hommes ordinaires en héros. Mais la peur tenace, celle qui vous rend craintif de tout, il faut rapidement la chasser. À quoi sert de redouter la souffrance ?
Il y a pire que la peur : c'est la peur de la peur et je te conjure de ne pas en avoir peur, car c'est un leurre.

La ponctualité

Il est d'usage chez certains qui veulent se faire désirer ou manifester leur importance, d'arriver en retard à un rendez-vous ou de faire attendre un visiteur. Ce sont des manières de petites gens.

Sois ponctuelle et ne fais jamais attendre quiconque aura sollicité et obtenu un entretien avec toi. Si tu respectes cette règle, non seulement tu économiseras du temps, mais tu gagneras respect et considération.

Les preuves

Conviction n'est pas preuve. Tu dois donc prendre avec circonspection les convictions les plus affirmées car elles peuvent s'avérer plus nuisibles que les mensonges les plus éhontés.

Autant que tu le peux, avant de prendre la moindre décision, repose-toi sur des preuves tangibles.

Le progrès

Tout a été dit, tout a été créé ! À écouter les oracles, les savants et ceux qui font profession de futurologie, plus rien de nouveau ne peut désormais être inventé. On ne saurait être plus pessimiste. S'il en était ainsi, la vie serait désespérante. Mais laisse-là les alarmistes que l'avenir, demain et après-demain, se chargera de remettre à leur place.
Le progrès, grâce à ceux qui ont déjà été réalisés, ne s'arrêtera jamais, et nous ouvrirons les yeux avec émerveillement devant des inventions qui nous éblouiront. D'autres miracles se produiront, des génies surgiront, des découvertes insoupçonnées verront le jour. L'imagination des hommes est sans limite, et ce qu'un être humain imagine, sois persuadée qu'un autre, aussi fous que soient ses projets, saura les réaliser !

Savoir se protéger

C'est à la belle saison que se posent les tuiles qui protègent les maisons de la pluie. C'est en été qu'on fait à meilleur compte ses achats pour l'hiver. Le beau temps ne dure que ce que durent les saisons, c'est pour cela qu'il faut, quand les cieux sont doux, redoubler d'efforts pour ne pas être surpris par le mauvais temps.

La prudence

La prudence n'exclut pas une certaine audace. D'autres soutiendront l'inverse. Mais quelle que soit l'initiative que tu prendras, il te faudra être audacieuse... et prudente. Les circonstances te dicteront la conduite à adopter.

Quand la route est libre, accélère et accroîs ton avance. Lorsqu'elle est sinueuse et encombrée, redouble de prudence.

La roue tourne

Les « puissants » sont courtisés lorsqu'ils sont au faîte de leur puissance et de leur gloire.
Ils le sont beaucoup moins lorsque la bonne fortune leur tourne le dos.
Si, parmi tes relations, se trouve un de ces personnages frappé par le mauvais sort, ne te détourne pas, et manifeste-lui de l'amitié ; alors que tous ses amis, n'ayant plus d'intérêt à le fréquenter, l'auront délaissé.
La roue du destin tournant très vite, l'heure sonnera où, après avoir été déchu, il recouvrera pouvoir, gloire et influence et c'est alors qu'il se souviendra de ceux qui lui auront manifesté amitié et considération.

Les questions

Tu observeras, tout au long de ton existence, combien il est aisé de répondre aux questions, même les plus indiscrètes. Car, vois-tu, la réponse est presque toujours dans la question !

Mais tu sauras te jouer des indiscrets en répondant à leurs questions par une autre question !

La réconciliation

Un ennemi d'hier peut se révéler un précieux allié demain... à condition de laisser entrouverte la porte de la réconciliation.
Un mot, un geste peuvent éteindre les braises d'une rivalité ou d'une opposition qui n'a que trop duré.
Et si tu es la première à tendre la main, celui qui te combattait ou te dénigrait peut s'avérer aussi fidèle qu'un brave saint-bernard.

Le repos

À ceux qui, dans l'intérêt de notre santé, nous recommandent de dormir beaucoup, afin d'être plus dispos le lendemain, on répondra sans les offenser qu'on aura toute l'éternité pour se remettre de nos efforts, une fois notre devoir accompli !

La liberté

Il n'y a pas de grande réussite qui ne devienne un grand esclavage. C'est dans l'ordre des choses. Rien d'important ne peut s'accomplir sans un engagement total, et l'on devient vite prisonnier de l'œuvre qui devait assurer notre liberté !

Autant dire que celui qui assure une fortune n'aura ni le temps ni le loisir d'en jouir complètement. C'est pourquoi la sagesse voudrait que, pour un bon équilibre de vie, l'on doive s'astreindre à tempérer son ambition.

Mais lorsque gronde en toi la voix impérieuse qui te dicte d'aller plus loin, plus haut, ce n'est pas d'argent dont il est alors question, mais de mission ou de vocation dont tu seras, bien sûr, l'esclave consentante puisque tel sera ton choix.

La richesse

La richesse rend excessivement prudents ceux qui la détiennent. Un souffle d'air surgit, et les voilà qui s'enrhument !
Le riche redoute tant de perdre sa fortune qu'il finira par la perdre.
Combien d'Harpagons, cramponnés à leur magot, l'ont-ils vu s'envoler, faute d'en avoir profité, de crainte de l'écorner ?
Si l'argent peut être un serviteur zélé, il peut aussi asservir celui qui s'agrippe à lui pour se rassurer !

Le risque

J'ai toujours préféré un risque insensé à un mauvais calcul. Car tout calcul, tu l'apprendras, te mène droit dans le mur. Et, sans ce rejet instinctif qui nous fait refuser la logique d'un calcul, il n'y a pas d'action éclatante à espérer.

Que deviendrions-nous si nous admettions, à tout coup, que deux et deux font quatre ? Des comptables. Certainement.

Qui se rend dans le désert ne compte pas les grains de sable !

Modestie - immodestie

Savoir qui l'on est, ce que l'on veut, ce que l'on vaut.
Ce n'est pas faire preuve d'immodestie que de savoir ce que l'on sait et ce que l'on vaut.
Ce n'est pas non plus être présomptueux que de savoir ce que l'on veut, mais ce serait péché d'orgueil de prétendre l'obtenir à coup sûr!
Il n'est point utile de crier sur les toits nos qualités pour qu'elles soient reconnues... Même s'il est vrai qu'elles le sont plus tardivement que nos défauts!

Les secrets (2)

Même le plus pauvre d'entre les pauvres a un coffre pour enfermer son secret. Tu auras, comme chacun d'entre nous, le tien et il sera ton esclave... Si tu le laisses échapper, si, par légèreté, tu crois devoir lui accorder quelque liberté, il deviendra alors ton Maître !

Les secrets (3)

Une nature confiante a tendance à vider son cœur sans trop de précaution.
S'il est bon de se laisser aller, parfois, à quelques états d'âme que l'on fait partager à un entourage privilégié, il faut veiller à conserver jalousement ce qui nous touche intimement.
En parlant trop, tu te dévoiles et tu donnes de la sorte à ceux qui, un jour peut-être, se retourneront contre toi, des armes pour te punir d'avoir trop parlé.

Le sens de la vie

Il ne faut pas s'interroger sur le sens de la vie... si tu ne cherches pas à lui donner un sens. Chaque jour qui vient, chaque jour qui passe est un miracle dont la saveur, doit être appréciée à sa juste valeur.
Chaque jour est en lui-même une éternité, et il faudrait être bien ingrat pour le gâcher. Croque, chaque matin, les fruits les plus goûteux avant qu'ils se gâtent.
Il faut savoir que, demain, ces bienfaits que sont la beauté, la santé et la fortune pourront t'être ôtés aussi facilement qu'ils t'ont été offerts !

Les jeux d'argent

J'espère que les jeux d'argent te laissent indifférente, sinon j'en serais bien chagriné.
Au cas où il t'arriverait d'y être entraînée, sous aucun prétexte n'affronte un joueur dont la fortune ou les gains seraient trop largement supérieurs aux tiens.
Si tu te tiens à cette règle, au moins éviteras-tu d'être ruinée !

Les illusions

Ne te fais pas d'illusion sur les illusions qui ne sont que l'enfer de nos rêves.
Délaisse ces chimères et si tu peux imaginer de grandes choses, c'est que, à coup sûr, tu es capable de les réaliser.

Les signes qui trahissent

Les paroles ne sont que des mots qui ne reflètent qu'imparfaitement la pensée profonde de celui qui te parle. Observe plutôt ses mains. Ne tremblent-elles pas ? Regarde ses chaussures, sont-elles bien cirées ? Se ronge t-il les ongles ? Ce sont des signes insignifiants, peut-être, mais ils viendront révéler sa personnalité plus que les beaux discours qu'il tient !

Si les mots ne sont pas tempérés par tes observations, alors écoute d'une oreille plus attentive ce que ton interlocuteur te dit.

La solitude

Il ne faut pas craindre d'être seul. Bien au contraire. On en apprécie, après une difficile période d'adaptation, la douceur. Un peu comme un jeûne que l'on s'impose et qui remet notre organisme en bon état de marche.

La solitude nous conduit à faire le tour de nous-même et à nous délester de tout ce qui nous encombre. On y acquiert une force intérieure qui nous permet de surmonter les épreuves les plus douloureuses. Elle nous éclaire sur nos propres faiblesses et décuple notre force morale.

En apprenant à apprivoiser la solitude, on découvre une compagne, avec laquelle tout peut être dit et dont le silence nous aide à faire le vide, même au milieu de la foule.

L'incertitude

Imagine que nous ayons la certitude d'un temps infini devant nous. Ce serait terrible. Plus rien ne nous inciterait à nous fixer un but, nous reporterions sans cesse au lendemain ce que nous devons entreprendre.
L'esprit de compétition, indispensable pour se surpasser, n'existerait plus, et la vie deviendrait épouvantablement monotone puisque le temps ne nous serait pas compté !
La certitude que nous avons de l'incertitude de notre vie rend chacun de nos actes important, et donne toute sa dimension aux bons moments que nous nous octroyons ou qui nous sont offerts.
Nous trouvons notre équilibre dans le déséquilibre permanent, inhérent à la condition humaine.

À chaque problème sa solution

Tu t'étonneras, en maintes occasions, d'avoir si facilement surmonté des difficultés qui te paraissaient insurmontables. Il en est ainsi des problèmes dont on se fait une montagne faute d'avoir entrevu une solution.
Si tu parviens à admettre que rien n'est pire que le renoncement, tu auras en toi toutes les clés pour trouver à chaque problème la solution qui convient, et le réduire à sa plus simple expression.

La vertu

Parlons de la Vertu.
Vois-tu, j'utilise un « V » majuscule... Elle a de multiples facettes, et ceux qui se piquent de quelques vertus sont les moins vertueux.
À mes yeux, il n'est, chez l'homme, qu'une vertu que l'on doive rechercher : l'honnêteté.
L'honnêteté des sentiments.
L'honnêteté dans les affaires.
L'honnêteté dans ses convictions.
Si cette condition est remplie, il s'agit à coup sûr d'un homme de bien.

Les dons (2)

Il est dommage que, trop souvent, les êtres doués soient incités à en faire deux fois moins alors qu'ils devraient en faire deux fois plus.
Imagine-t-on un athlète briguant une médaille, si doué soit-il, se présentant au départ d'une épreuve sans s'être préparé ?
C'est en s'entraînant plus durement que les autres, qu'il deviendra un champion. Et peut-être même un super champion.

La chance

Il n'y a pas que la chance, dans la réussite, pour justifier l'échec des autres ! Il y a le travail, et ce qui explique peut-être la présence de la chance, le bonheur tout simple d'accomplir un travail que l'on aime. Et c'est cela que, faute de plus amples justifications, on appelle « la chance »...

La force de l'homme seul

Il peut arriver que, par la boulimie d'entreprendre, on finisse par gêner les intérêts de personnages redoutables. Sache qu'ils ne t'accueilleront pas dans leur clan à bras ouverts. Au contraire.
Aie en mémoire que l'« homme seul » est pour eux un danger d'autant plus redoutable qu'ils ont plus à perdre qu'à gagner à provoquer un conflit avec plus petit qu'eux !
Si tu es déterminée et que tu ne redoutes pas l'échec, tu découvrira que les puissants, si puissants qu'ils soient, sont aussi vulnérables qu'une baudruche qu'une simple piqûre peut dégonfler.

La fortune

Vouloir acquérir une grande fortune t'empêchera de jouir comme il convient des biens que tu auras accumulés.

Sans tomber dans cet excès, qui ferait de toi l'esclave de ton travail, cherche à infléchir ce côté de ton caractère afin de n'être obnubilée ni par la richesse, ni par les loisirs... forcés !

Le pardon

Si tu pardonnes la trahison, attends-toi à être trahi à nouveau.
On pardonne une erreur, une faute, une maladresse, pas une malversation.
On pardonne les injures, on n'efface pas les blessures.
Il faut savoir être ferme, dans certains cas, et plus souple dans d'autres.
Mais ne jamais laisser le traître impuni.
Les roues d'un carrosse ne doivent pas hésiter à écraser le scorpion qui s'apprête à piquer le cocher !

Ne néglige rien

Ce sont des petits détails, des petits riens, apparemment sans importance, que l'on néglige et qui provoquent des cataclysmes dans la vie des hommes.
Il ne faut jamais balayer d'un revers de main la menace d'un jaloux, d'un aigri, d'un de ces personnages qui pataugent dans la médisance et s'en repaissent. On ne trébuche pas sur une montagne, mais sur un caillou !

Machiavélisme

Le machiavélisme des « grands hommes » est de faire de la flatterie un art supérieur.
C'est ainsi qu'ils parviennent aisément à persuader leur interlocuteur, du moment qu'il est la personne la plus « intéressante » qu'ils aient rencontrée depuis longtemps.
C'est, de cette manière, l'assurance de désarmer un adversaire et d'élargir, à coup sûr et à moindre frais, le cercle de ses thuriféraires !

Les conflits

N'écrase jamais un adversaire, même si tes arguments sont irréfutables.

Laisse-lui une porte de sortie honorable. Après un échange d'arguments avec ton vis-à-vis, tout l'art consiste, si cela ne doit pas nuire à tes intérêts, à lui accorder le crédit de marquer des points.

Abandonne ceux qui paraissent secondaires et ne cherche pas à clore l'entretien en manifestant trop visiblement ta satisfaction de l'avoir conclu à ton avantage !

L'amour-propre

Il y a des natures ombrageuses, enfermées dans leur propre armure.
Ni l'humour, ni un sourire ne trouvent grâce à leurs yeux.
Tout leur paraît suspect, chaque mot que tu prononceras sera disséqué et pris à contresens.
Maladroites dans leurs réactions, elles sont capables de violence, faute de pouvoir s'exprimer sereinement.
Ce sont des personnalités composées de drames intimes et multiples qui ne trouvent repos et apaisement qu'en leur propre compagnie, pour qui l'amour-propre est le seul amour dont elles soient comptables et capables.

Rigueur et liberté

Le travail qui occupe une bonne partie de nos journées exige, pour être bien fait, de la rigueur.
Sans cette rigueur, tu ne trouveras pas de liberté et tu courras en permanence après le temps perdu.
La rigueur, c'est une discipline que l'on s'impose comme la salutaire gymnastique quotidienne.
Loin d'être astreignante, elle permet d'éviter le désordre et le laisser-aller, source de perte de temps.
Elle contribue à une plus grande efficacité, sans effort supplémentaire.
Chacun, à sa place, pour bien accomplir son travail, doit savoir ce qu'il doit faire et, si tu en donnes l'exemple, personne ne reportera au lendemain ce qu'il doit exécuter le jour-même.
La rigueur, grâce au temps qu'elle te fait économiser, te permet d'être disponible, là où tant d'autres ne le sont jamais !
Une armée ne part pas à l'assaut en ordre dispersé... mais l'exemple doit toujours venir d'en haut.

Le pouvoir

Le pouvoir ne se divise pas.
À vouloir le faire, on en dilue les effets et on créée le désordre.
As-tu déjà vu un orchestre dirigé par deux chefs ?
Si, par tes mérites, tu accèdes à un pouvoir, exerce-le.
Il t'appartiendra de t'en montrer digne.
Si tu l'as voulu, c'est qu'une petite voix intérieure te chuchotait que tu en avais la capacité.

L'indécision

On peut hésiter avant de prendre une décision importante. Mais rien ne serait plus préjudiciable que de ne pas en prendre.
L'indécision est une faiblesse qui sera exploitée contre toi.
Si tu pèses trop le pour et le contre, si tu doutes au moment d'agir, si tu crois nécessaire de laisser le temps résoudre pour toi un problème difficile, tu ne feras que l'aggraver.
Quand l'heure des choix a sonné, il ne faut pas la laisser passer.

Téméraire

La témérité, c'est l'audace sans la réflexion.
Mais, sans témérité, c'est-à-dire sans calcul, il est rare que l'on puisse côtoyer les sommets ou se porter au secours du noyé !
Est souvent téméraire, je le concède, celui qui ne peut faire autrement.
Un zeste de folie ne peut raisonnablement nuire à l'homme de bonne compagnie.

L'effort

Seuls ceux, capables de se surpasser, ne redoutent pas l'effort, et ceux qui, pour des raisons obscures, s'y refusent, reconnaissent ainsi leurs limites.
Ne répugne jamais à l'effort. Loin de te coûter, il te fera prendre conscience des énormes capacités qui sont en toi, comme en chacun de nous, et dont il t'appartiendra de tirer le meilleur profit.

La timidité

Ne pas confondre modestie, qui va de soi, et timidité, qui pèse pour soi.
La timidité te condamnera, pour le moins, au second rôle. Elle est touchante, lorsqu'on est un enfant ; elle devient paralysante, plus tard.
Pour t'en débarrasser, il faut porter sur les êtres un regard sans complexe.
Penses-tu qu'ils te jugent de haut ?
Au moment où tu parles, imagine-les alors dans des situations ridicules pour le commun des hommes et ils te paraîtront, j'en suis sûr, beaucoup moins impressionnants.

La motivation

Ceux qui gouvernent,
ceux qui prospèrent dans leur industrie,
ceux qui tiennent à bout de bras leur petit commerce,
crois-tu qu'ils travaillent moins que d'autres ?
Au contraire, ils s'échinent deux fois plus et ne s'en plaignent pas. C'est hélas ! lorsque le travail manque, quand la motivation n'est plus, que l'on fait des loisirs forcés une planche de salut. Pour tuer le temps. Pour tuer l'ennui.

Agir

Agir est le propre de l'homme. Beaucoup s'agitent vainement. On peut agir sans bouger, on peut réfléchir avant d'agir...
Mais à trop réfléchir, on finit souvent par renoncer à toute action.
On peut agir sous le coup d'une impulsion et réagir après mûre réflexion.
En vérité, tu dois, avant d'agir, écouter ton instinct. Il te sera, en maintes circonstances, ton meilleur conseiller, à condition que tu saches, en cas d'échec, revenir sur ta décision aussi vite que tu l'as prise.

La bêtise

C'est, face à l'homme vulgaire, à l'homme sot et borné, au personnage retors, qu'il te faudra faire assaut d'esprit et d'intelligence pour espérer le convaincre.

Ce sera une des épreuves les plus difficiles que tu auras à affronter car, en comparaison, régler un différend avec une personne intelligente pose rarement de grands problèmes.

L'enthousiasme

L'enthousiasme est un don.
C'est un privilège dont tu mesureras les effets, car il facilite ce qui est pénible pour d'autres.
Mais il est nécessaire, pour en tirer le meilleur, de ne pas éparpiller tes forces.
L'enthousiasme a pour vertu d'être communicatif mais son défaut est de nous faire sous-estimer les efforts.
Qu'importe, si, dans ton berceau, tu as reçu en cadeau ce don. C'est le signe des élus. Dans la langue d'Électre, il y a, dans le mot enthousiasme, Theos... Dieu...

Connaître les hommes

Pour ne pas te fourvoyer, te laisser influencer par les on-dit et les rumeurs, sache que les hommes ne sont pas ce qu'ils ont été mais ce qu'ils sont devenus !

Jusqu'au bout

L'une de nos plus grandes faiblesses est de renoncer trop vite, quand une aventure nous paraît au-dessus de nos forces.
Si tel est le cas, c'est que l'orgueil aura été plus fort que la raison.
Mais si, avant d'envisager une de ces tentatives, tu as objectivement fait le tour des risques encourus, tu dois soutenir ton effort jusqu'au bout.
Et quelle qu'en soit l'issue, tu n'auras rien à te reprocher.

L'homme pressé

Lorsque, pour être à l'heure, tu dois accélérer ton pas, tu trouveras interminable ce qui te reste à parcourir ! Alors, si tu refais le même parcours en flânant, il te paraîtra ridiculement court et agréable.
La route n'est jamais longue pour qui n'est pas pressé.

On a tous un maître

Il y a toujours quelqu'un au-dessus de l'homme le plus puissant du monde.
Il y a toujours un Crésus plus riche qu'un autre, comme il y aura toujours un inconnu pour faire vaciller un champion invincible.
On peut être le numéro un de la planète et trouver son maître !
Veux-tu lire, pour t'en convaincre, cette brève « dépêche » relative aux récents Jeux Olympiques d'hiver ?
Un skieur norvégien, authentique dieu des courses de fond, couvert de médailles plus qu'aucun champion avant lui, s'est fait battre, au cours d'une de ces épreuves reines, par un autre Norvégien, un inconnu habitant le même village et la même rue que lui !
Tu vois, on peut donc être le premier au monde et seulement le second dans son village !

Le sens des responsabilités

On est d'abord responsable de soi-même.
Et si l'on a le sens des responsabilités, on l'est aussi de ceux qui sont à nos côtés.
C'est une charge, un devoir et un honneur.
Pour en être digne et accomplir cette mission, sans faillir, tu dois être irréprochable !
Ainsi, les actes que tu accompliras seront compris et nul ne te reprocheras de les avoir entrepris dans ton propre intérêt.

Écoute

Si tu cours, tu iras plus vite.
Si tu marches, tu iras plus loin.
Si tu cries, tu seras entendue.
Si tu parles, tu seras écoutée.
Et si tu calcules trop, tu te tromperas.

Garde-toi

Garde-toi de tout expliquer.
Tout expliquer c'est beaucoup trop.
Et trop, c'est bien pire que pas assez.
Et même que pas du tout !

Polémique

Le plus sûr moyen d'étouffer une polémique dans l'œuf est de jeter une demi-vérité aux yeux de tes détracteurs, pour les aveugler complètement !

Cynisme

Il n'y a que les gens qui s'estiment réellement pour ne pas avoir besoin de cacher leur mutuel mépris.

Sagesse

Vivre dans les vignes acides et ne pas regretter que les raisins soient trop verts, est le début et la fin de la vraie sagesse.

La charité

Je me méfie de ceux qui font de la charité leur pain quotidien.
Soit ils donnent trop pour faire oublier qu'ils ont beaucoup volé.
Soit ils quêtent, par ce biais, une renommée que la décence interdit lorsqu'on donne avec le cœur.

L'homme sans foi...

L'homme sans foi en Dieu
est un trapéziste qui se jette
dans le vide sans filet.

Avec des si...

Si tes parents veulent bien te faire confiance et ne pas suivre à la trace chacun de tes pas,
Si de ton travail tu tires satisfaction,
Si tu es généreuse sans être gaspilleuse,
Si tu peux surmonter un affront et ne pas te nourrir d'une vengeance qui viendra en son temps,
Si tu aimes un homme digne d'être aimé de toi,
Si, quand tu gagnes, tu ne cherches pas à gagner toujours plus,
Si tu n'envies personne autour de toi,
C'est que tu seras une femme accomplie et que rien ne pourra, en ce monde, te faire perdre le sens de l'équilibre, sans lequel nul ne peut espérer mener loin sa monture !

Comment tuer ton père, sans vraiment l'assassiner !

Aimé, adoré, puis détesté, tel sera mon sort.
Semblable à celui de tous les pères de la planète.
Bien sûr, il est indispensable de « tuer son père » pour voler de ses propres ailes.
Avant d'en arriver à cette fatale extrémité, je crois nécessaire d'attirer ton attention sur certains points.
Voici quelques suggestions susceptibles d'atténuer le châtiment qui m'est réservé afin de m'épargner, peut-être, un « assassinat » dont je ne me remettrai pas !
Pour commencer, regarde ton père tel qu'il est et non pas tel qu'il souhaite que tu le voies.
Écoute, d'une oreille distraite, le récit de ses exploits et divise-les par deux ou trois.
Évite de rire à chacun de ses soi-disant traits d'humour, observe-le quand la colère le gagne et qu'il se montre décidément « odieux ».
Ne te laisse pas impressionner par le poids de ses responsabilités qu'il a tendance à exagérer, ni par l'amour qu'il te porte. Tout cela est dans l'ordre des choses.
Écoute ceux qui, depuis si longtemps, travaillent à ses côtés, ils te diront toute la difficulté qu'ils ont à supporter son omnipotence.
Te voici donc armée pour ne pas tomber dans le piège de l'adoration béate qui, inévitablement, te conduira à le détester, avec les conséquences irréversibles que l'on connaît !
Mais, rassure-toi, en « tuant » ton père, tu ne feras que détruire son image, une image que tu t'ingénieras à

.../...

.../...

magnifier, quand les années t'auront apporté la certitude qu'il n'est pas plus mauvais qu'un autre !
Enfin, ce que je te dis là, c'est ce que tous les pères espèrent.
Sans oser l'avouer à leurs enfants !

L'envol

Il arrivera, cet âge où tu voudras t'envoler.
Quitter le nid familial pour faire le tien.
C'est normal, dans l'ordre des choses.
Tu seras triste, à l'idée de nous faire de la peine, et, peut-être, pour ne pas affronter les larmes qui, j'en suis sûr, envahiront mes yeux, auras-tu réglé avec ta mère les détails de ton départ ?
Je ne t'en voudrai pas, chacun de nous a vécu ce moment douloureux et libérateur.
Et puis, comme le temps n'est qu'une parenthèse, nous nous retrouverons.
Alors, tu seras toujours autant aimée et le chemin que tu auras parcouru, loin de t'éloigner de nous, nous aura rapprochés.
Il ne te restera plus, après nous avoir et t'être prouvé ta force de caractère, qu'à mettre en chantier la grande édification de ta vie avec les quelques pierres dont j'ai parsemé ces pages qui, espérons-le, contribueront à consolider tes fondations !

Table des matières

Composition réalisée par New Age Productions

Cet ouvrage a été composé par Nord Compo
et achevé d'imprimer en octobre 1998
sur presse Cameron
par **Bussière Camedan Imprimeries**
à Saint-Amand-Montrond (Cher)

49-80-1145-01/9

Dépôt légal : octobre 1998.
N° d'Édition : 0608. N° d'Impression : 984765/1.

Imprimé en France

ISBN 2-863-91892-3